A NOVIÇA REBELDE

Agathe von Trapp

A NOVIÇA REBELDE

Memórias de antes e depois
do grande sucesso do cinema

Tradução
Fátima Santos

1ª edição

RIO DE JANEIRO | 2012

CIP-BRASIL. CATALOGAÇÃO NA FONTE
SINDICATO NACIONAL DOS EDITORES DE LIVROS, RJ

Trapp, Agathe von
T697n   A noviça rebelde – Memórias de antes e depois do grande sucesso do cinema / Agathe von Trapp; tradução: Fátima Santos. – Rio de Janeiro: Best*Seller*, 2012.

Tradução de: Memories Before and After The Sound of Music
ISBN 978-85-7684-556-0

1. Trapp, Agathe. 2. Cantores - Biografia. I. Título.

12-4245.   CDD: 782.42164092
                                                CDU: 929:78.067.26

Texto revisado segundo o novo Acordo Ortográfico da Língua Portuguesa.

Título original norte-americano
MEMORIES BEFORE AND AFTER THE SOUND OF MUSIC
Copyright © 2004 by Agathe von Trapp
Copyright da tradução © 2012 by Editora Best Seller Ltda.

Publicado mediante acordo com Harper Collins Publishers.

Capa: Gabinete de Artes
Editoração eletrônica: Abreu's System

Todos os direitos reservados. Proibida a reprodução,
no todo ou em parte, sem autorização prévia por escrito da editora,
sejam quais forem os meios empregados.

Direitos exclusivos de publicação em língua portuguesa para o Brasil
adquiridos pela
Editora Best Seller Ltda.
Rua Argentina, 171, parte, São Cristóvão
Rio de Janeiro, RJ – 20921-380
que se reserva a propriedade literária desta tradução

Impresso no Brasil

ISBN 978-85-7684-556-0

Seja um leitor preferencial Record.
Cadastre-se e receba informações sobre nossos lançamentos e nossas
promoções.

Atendimento e venda direta ao leitor
mdireto@record.com.br ou (21) 2585-2002

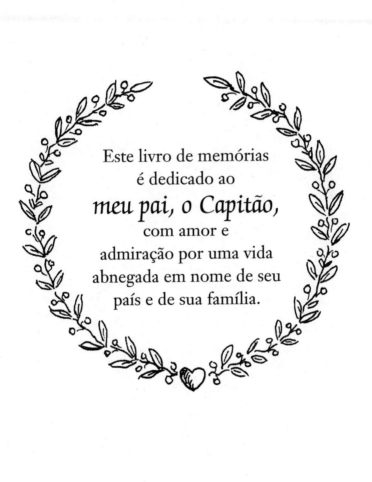

Este livro de memórias
é dedicado ao
meu pai, o Capitão,
com amor e
admiração por uma vida
abnegada em nome de seu
país e de sua família.

Sumário

Agradecimentos	9
Prelúdio	11
1. O Capitão, nosso pai	15
2. *Mamá*, nosso raio de sol	32
3. A vida com Gromi	45
4. Duas ocasiões especiais	65
5. A era pós-guerra	72
6. Anos de mudança	88
7. Nossa nova casa próxima a Salzburgo	104
8. Uma nova mãe e duas irmãzinhas	119
9. Abrindo minhas asas	132
10. Aventuras com *Papá*	142
11. Adoramos cantar	166
12. A invasão	179
13. Chegamos aos Estados Unidos	193
14. Na estrada como os Cantores da Família Trapp	219
15. Nossa casa em Green Mountain	233
16. Um novo começo	255
17. Ah! *A noviça rebelde*	266
18. Onde estão as "crianças" agora?	273
Notas	281

Agradecimentos

Aprendi ao longo da vida que quando alguém começa um projeto e outras pessoas o acham válido a ajuda surge de todos os lados até que o projeto tenha chegado ao fim. Acredito que foi assim com minhas memórias quando comecei a escrevê-las. Gostaria de estender minha gratidão a todas as pessoas bondosas e cultas cujos esforços ajudaram a levar minhas memórias até a publicação. Por essa razão, quero dizer a todos que me apoiaram ao longo do caminho: "Muitíssimo obrigada!"

Agradecimentos e gratidão especiais a meus amigos Janet e Alan Yuspeh, sem cujo interesse, ajuda e estímulo este livro não teria sido possível. Aprecio a paciência de Alan, nossas conversas telefônicas e todas as refeições compartilhadas. Sempre me lembrarei de Janet com afeto quando pensar em nossas muitas sessões de trabalho valiosas e agradáveis.

Agradecimentos sinceros à minha dedicada amiga, Mary Lou Kane, que trabalhou incansavelmente de inúmeras formas. Sua energia e seu apoio me possibilitaram completar este projeto ambicioso. Em nossas longas sessões, Mary Lou e Janet me ajudaram a esclarecer e traduzir minhas imagens e memórias para a forma de livro. Certamente, o chá com geleia e pão de Janet adoçaram o processo.

Agradeço especialmente aos meus irmãos e irmãs por apoiarem de corpo e alma meus esforços para registrar minhas memórias da vida que compartilhamos por muitos anos e pela ajuda com o Capítulo 18. Minha irmã Maria, minha cunhada Erika e meu irmão Johannes estiveram sempre dispostos a auxiliar minha memória fraca. Além disso, Maria me forneceu fotografias especiais.

Um agradecimento sincero a William T. Anderson, por suas muitas horas de trabalho na edição preliminar, na reestruturação dos capítulos e no fornecimento de sugestões, fotografias, críticas de shows e programas.

Meu apreço a Hirsch Goldberg, por seu interesse, suas sugestões e edição preliminar.

Meu agradecimento especial ao professor universitário Dr. Walter Brunner, por me enviar "O casamento" dos arquivos em Graz, Áustria.

Obrigada a Sara DiRienzi por digitar o manuscrito; a Ryan Hulvat pela fotografia das crianças Von Trapp durante um concerto e a Anita e Steve Shevett pela fotografia de meu aniversário de 85 anos.

Meus sinceros agradecimentos pela ajuda e pelo estímulo de Ruth Miriam Carey, S.S.N.D., Joyce DiRienzi, Catherine R. Engers, Kathleen Marie Engers, S.S.N.D., Suzanne Ford, Louis Hillman, Susan Kessler, Emmett Sinnott e Jane Weaver.

Finalmente, mas de igual importância, meus agradecimentos e apreço ao meu consultor editorial, D. B. Kellogg, que pacientemente me guiou pelos muitos passos ao longo do caminho e trabalhou dia e noite enquanto preparávamos o manuscrito para publicação.

Prelúdio

Sempre que encontro pessoas que percebem que sou um membro da verdadeira família Von Trapp, cuja história inspirou *A noviça rebelde*, sou confrontada com perguntas como: "Quem você é no filme?"; "A peça de teatro e o filme são verídicos?"; "Você escapou dos nazistas pelas montanhas?". Em seguida, querem saber tudo sobre minha família e nossa vida antes e depois da época retratada em *A noviça rebelde* (a peça de teatro e o filme). Esse interesse é sempre genuíno, e me emociona.

Porém, como posso contar a história de nossa grande família e suas aventuras ao longo de um período de mais de 100 anos em poucos minutos de conversa? Nossa história de vida foi contada, relatada e adaptada desde que chegamos pela primeira vez aos Estados Unidos para cantar em público em 1938. Muitos nos conhecem como os Cantores da Família Trapp por causa de nossos shows, álbuns, da peça da Broadway e do filme baseados em nossa história. Outros nos conhecem por causa dos livros escritos por minha segunda mãe, Maria Augusta von Trapp. Milhares de pessoas assistiram ao nosso acampamento musical ou visitaram o ainda operante Trapp Family Lodge em Stowe, Vermont.

Por vezes nossa história foi também distorcida, pois não apenas *A noviça rebelde* recorreu a uma grande dose de licença poética, mas também foram publicados muitos artigos com informações incorretas sobre nossa família. E por minha segunda mãe ter se juntado à família após sete de nós já termos nascido, seus livros não refletem nossa vida pregressa, as histórias impressionantes de nosso pai e nossa avó, ou o papel importante de nossa primeira mãe. Tampouco os livros baseados na história de Maria retratam o que aconteceu após seu falecimento, em 1987. Na realidade, poucas pessoas sabem algo sobre nossa vida antes e depois de *A noviça rebelde* se tornar o musical mais popular de todos os tempos.

Sendo a filha mais velha de Georg Ritter von Trapp e de Agathe Whitehead von Trapp – sua primeira mulher –, há muito sinto a necessidade de responder a várias perguntas feitas à nossa família ao longo dos anos e de responder à grande curiosidade sobre nossa história, que fascinou a tantos.

Frequentemente, sou solicitada a escrever sobre o que me lembro da época não relatada de nossa vida – o período da Primeira Guerra Mundial e suas sequelas –, quando vivemos no lar seguro de nossa avó materna. Recordando, sou grata por termos dado nossos primeiros passos no mundo em uma das áreas mais bonitas da Áustria: a costa de um lago cercado por montanhas altas.

Neste livro contarei sobre nossos primeiros anos; a invasão da Áustria e como ela mudou nossas vidas; a vida nos Estados Unidos; as viagens como os Cantores da Família Trapp; as reações ao filme e à peça *A noviça rebelde*; e farei uma atualização das informações sobre cada um de meus irmãos e irmãs. Gostaria de ressaltar que essas são as *minhas* memórias; é possível que meus irmãos se lembrem de determinados eventos de forma diferente, o que é muito natural, pois os indivíduos podem experienciar o mesmo acontecimento de formas diferentes. E, como a irmã mais velha, vivi mais da história da família do que a maioria deles.

Minha família testemunhou algumas das épocas mais difíceis do século XX sem abrir mão de suas crenças mais profundas. Muitas vezes, quando os problemas que enfrentávamos pareciam insuperáveis e devastadores, as circunstâncias repentinamente melhoravam para facilitar o próximo passo de nossa jornada. Algumas pessoas chamariam essas circunstâncias positivamente alteradas de "coincidências". No entanto, não penso assim. Através dos anos turbulentos da guerra e de outras dificuldades, a orientação e a proteção de Deus nos mantiveram seguros na palma de Sua mão.

Agathe von Trapp
Baltimore, Maryland, Estados Unidos, 2002

1

O Capitão, nosso pai

A Áustria de minha infância foi a Áustria da guerra. Durante a Primeira Guerra Mundial – que começou em 1914 –, nosso pai, Georg von Trapp, era o comandante de um submarino. Ele não era apenas um excelente comandante da Marinha austríaca, um homem de visão, coragem e presença de espírito excepcionais, mas também um marido e pai amoroso.

Papá era alto, de físico esguio e proporcional. De aparência elegante, ele tinha cabelo escuro, usava bigode, e os olhos castanhos demandavam atenção de uma forma gentil. As mãos eram fortes, bem-formadas e acentuadas pelas alianças de noivado e de casamento. Atento e sensível a tudo que se passava ao seu redor, *Papá* andava ereto e se movimentava com facilidade.

Ficava bem com o que quer que vestisse. As roupas dele eram sempre elegantes, limpas e harmoniosas. Com relação às cores, na maior parte das vezes usava um verde suave e atenuado. Seus ternos eram feitos de *tweed*. Usava calções, de acordo com a moda da época (entre 1914 e 1925). Uma vez que esses calções chegavam apenas um pouco abaixo dos joelhos, os homens naqueles dias usavam meias tricotadas em padrões diferentes até a altura dos joelhos e viradas na parte de cima para esconder as ligas. Casacos, coletes e calças eram do mesmo material e cor. Uma camisa branca e uma gravata completavam o traje. No verão, *Papá* vestia as tradicionais *Lederhosen* (calças curtas feitas de couro), uma camisa branca e um casaco cinza. O casaco era de algodão leve, com punhos verde-musgo e um colarinho em pé. *Papá* usava meias tricotadas na altura do joelho, mesmo no verão, e sapatos marrons. Para mim, ele sempre estava muito bonito.

Papá não era apenas bondoso e amável conosco, mas também educado com estranhos e um verdadeiro amigo para seus companheiros e as tripulações de seus navios. Podia-se confiar em sua palavra. Naturalmente digno, ele não se importava com o que as outras pessoas pensavam dele, mas seguia a sua consciência. Sempre mostrava afeição genuína; não precisava nos dizer: "Eu amo vocês." Sabíamos que ele nos amava, e ele sabia que o amávamos.

Nunca vi *Papá* à toa. Quando estava cansado, se esticava no sofá da biblioteca e tirava uma soneca. Quando estava preocupado ou precisava refletir sobre algum assunto, andava de um lado para outro na sala, mas nunca nos sobrecarregava com suas preocupações. *Papá* conversava com *Mamá* ou com seus bons amigos quando queria refletir. Ele tinha o pensamento tradicional, segundo o qual os pais não discutem assuntos financeiros ou pessoais com os filhos. Como pai de uma grande família, *Papá* levava as responsabilidades para com a família a sério.

Ele também era escrupuloso quando se tratava de responsabilidades militares. Nosso pai foi um herói da Marinha austríaca, mas não foi o primeiro membro da família a servir à instituição. Nosso avô, August Johann Trapp, nasceu na Alemanha, mas se naturalizou cidadão austríaco; entrou para a Marinha austríaca e se instalou em Zara, um pequeno porto austríaco na costa dálmata. *Papá* contou que nosso avô fora indicado comandante do SMS *Saida* e cruzava o Mediterrâneo, a oeste da Itália, quando uma tempestade violenta ameaçou o navio e a tripulação. Por meio de manobras inteligentes, ele conseguiu dirigir a embarcação para um banco de areia e salvar sozinho a tripulação. Por esse resgate heroico foi agraciado com a Cruz de Ferro, terceira classe, e com um título de nobreza concedido por Francisco José I, imperador da Áustria. Desse dia em diante – 18 de novembro de 1876 – o nome de nosso avô passou a ser August Johann Ritter von Trapp.[1]

Seu filho, meu pai, Georg, nasceu em Zara em 4 de abril de 1880. Georg herdou o título do pai e, mais tarde, seguiu os passos dele entrando para a Marinha austríaca. Quando *Papá* ainda era muito jovem, o pai dele morreu de febre tifoide, e a mãe, minha avó – Hedwig Wepler von Trapp – se mudou com os três filhos (Hede, Georg e Werner) para Pola.[2] Lá, minha avó fez questão de que os filhos fossem para uma escola primária luterana, de acordo com a sua fé e a do marido. Como viúva de um oficial, minha avó recebia uma pequena pensão para seu sustento e o de sua família. Essa pensão não permitia um estilo de vida extravagante, mas possibilitava que a família sobrevivesse em uma época em que a ordem social não permitia que alguém na posição de minha avó procurasse emprego. Naqueles dias, uma herança era muito importante para uma mulher, sobretudo quando viúva e com filhos pequenos. Mais tarde, ao começarem a vida profissional, os filhos a ajudaram financeiramente, mas seus salários não eram altos o suficiente para permitir que lhe enviassem muito.

Aos 14 anos, Georg von Trapp entrou para a academia naval em Fiume.[3] Quase no final de um período de treinamento rigoroso ele e seus colegas de classe foram designados para um veleiro, o SMS *Saida II*, para completar o treinamento. Ironicamente, Georg fora designado para um veleiro com o mesmo nome do navio que o pai anteriormente comandara. Sem destino determinado, o navio velejaria pelo mundo com os cadetes recém-treinados. A viagem foi programada para que a tripulação passasse pelo canal de Suez rumo ao Oriente e, cruzando o oceano Índico, chegasse até a Austrália. Lá, o SMS *Saida II* foi recebido de braços abertos, e os cadetes e oficiais foram recepcionados como convidados de honra. O imperador austríaco até autorizou que a visita deles fosse prolongada, a pedido de seu capitão. Em sua descrição dessa viagem, *Papá* mencionava as ilhas Marquesas como sendo especialmente deslumbrantes. Essas ilhas o impressionaram tanto que ele sempre sonhou voltar a elas em algum momento no futuro.

No entanto, a viagem do SMS *Saida II* chegou a um fim precoce. Sinais de agitação e agressividade de milhares de seguidores de uma sociedade secreta – conhecida como os *boxers* – contra missionários e outros estrangeiros na China causavam grande preocupação entre as nações ocidentais. Essas nações então enviaram navios para a China para monitorar a situação e vigiar as ações mais sérias que os *boxers* pudessem dirigir contra suas Embaixadas e os bairros onde os ocidentais viviam.[4] Por conta da situação perigosa, o capitão do SMS *Saida II* recebeu um telegrama, em 9 de junho de 1899, ordenando que o navio com os cadetes retornasse. Nessa época, o navio velejava para o norte ao longo da costa da China, rumo a Xangai.

Do porto de Woosung, o cadete Von Trapp escreveu para sua mãe em Pola:

Viva! Neste momento recebemos um telegrama informando que estamos indo para casa! A bordo só se veem rostos felizes. Nossa rota de volta é via Hong Kong; Batávia [hoje Jacarta, Indonésia]; Porto Mahi [na República das Seychelles]; Aden; depois, de volta a Pola. Devemos chegar a Pola provavelmente no meio ou no fim de outubro. Até lá, você receberá as datas exatas.

Seu filho fiel,

Georg

O cadete Von Trapp não teve muitas oportunidades para ver sua mãe quando chegou a Pola. Após uma curta licença, foi designado para a equipe de navegação do cruzador austríaco SMS *Zenta*, em uma missão operacional para a China, onde o levante dos *boxers* se intensificava.[5] Assim, o cadete Von Trapp teve a possibilidade de receber uma educação prática no campo da navegação, trabalhando lado a lado com os mais experientes nesse campo.

O SMS *Zenta* tinha instruções para prosseguir até o porto de Xangai. Após passar pelo estreito de Formosa, o navio enfrentou um clima ameaçador; havia entrado na zona de furacões fortes. O *Zenta* já enfrentara diversas tempestades no caminho, mas aquele era um furacão de verdade. Suas águas tempestuosas engoliram muitos navios a vapor e veleiros chineses. O pequeno navio de guerra, no entanto, sobreviveu ao auge da tempestade com pouquíssimos danos e, finalmente, chegou (muitas horas atrasado) a Xangai. Lá, o navio e a tripulação foram recepcionados com continências pelos outros navios ocidentais, já ancorados no porto.

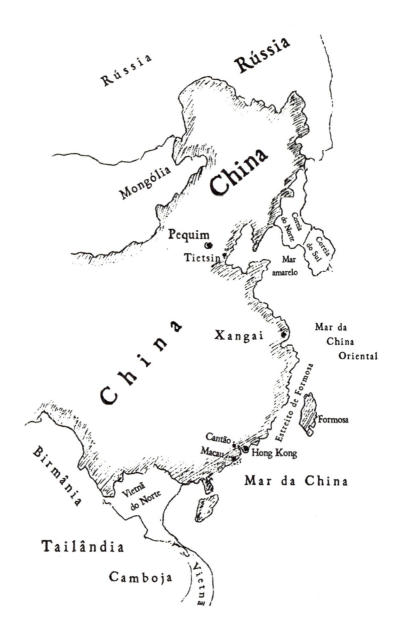

A costa da China por volta de 1900

Enquanto escrevo esta parte sobre a viagem de meu pai à China, me ocorre que ele poderia ter facilmente perdido a vida para ajudar a salvar da morte os ocidentais que estavam lá. Não teria existido nenhuma família Trapp, nenhum cantor da família Trapp, nem *A noviça rebelde* se Deus não tivesse protegido esse pequeno navio de guerra, evitando que ele fosse inundado pelo mar tempestuoso durante o furacão.

Em Xangai, o capitão do SMS *Zenta* seguiu suas ordens, transmitidas pelo cônsul austríaco, para prosseguir imediatamente para o norte após abastecer a embarcação com carvão e suprimentos. Seu curso os levou pelo mar da China e pelo mar Amarelo. Ao longo do caminho, o capitão e a tripulação do *Zenta* receberam notícias de terríveis atrocidades ocorridas nas vizinhanças de Nanquim. Em conferência, os comandantes dos navios ocidentais decidiram navegar até o porto de Tientsin para ficar mais próximos de Pequim. Lá, o ataque aos quartéis ocidentais começou assim que os navios chegaram. A força internacional de soldados e marujos ingleses, americanos, franceses, alemães, italianos e austríacos tomou os fortes e libertou os habitantes em uma feroz batalha corpo a corpo. Georg von Trapp e seu destacamento militar se sobressaíram nessa batalha, e ele foi mais tarde condecorado por bravura e promovido.

O que *Papá* viu durante a batalha na China foi tão terrível que ele nunca nos contou a respeito. Mais tarde li um relato sobre esse conflito em um jornal (*Neue Illutrierte Wochenschau*, de 1º de maio de 1960). Essa matéria, "Sixty Years Ago: Boxer Rebellion" [Sessenta anos atrás: o levante dos *boxers*], descrevia o horror daquela guerra e destacava o heroísmo de Georg von Trapp e sua tripulação. Publicado postumamente na ocasião do aniversário de 80 anos de meu pai, ela recontava as ações de resgate durante a rebelião.

Papá nos contou uma história engraçada ocorrida nas montanhas da China, onde sua unidade fora enviada por alguns dias para descansar. Estava muito frio, e eles estavam acomodados em uma hospedaria sem aquecimento. Para dar mais conforto aos hóspedes, pelo menos durante a noite, o proprietário do estabelecimento fornecia garrafas de água quente. Estas eram colocadas aos pés da cama, sob os cobertores, antes de os hóspedes irem dormir. Não havia luz elétrica; os hóspedes tinham que usar lâmpadas a óleo.

Durante a primeira noite, após todos terem ido dormir, ouviu-se um barulho estranho vindo de um dos quartos. Assustados, alguns dos tripulantes foram até o quarto barulhento. Lanterna na mão, eles abriram a porta. O que encontraram? Um dos oficiais estava batendo na cama furiosamente com uma vara enquanto uma lâmpada, balançando suspensa do teto, batia na cabeça dele.

Ele fora para a cama no escuro, sem saber que encontraria um "amigo quente" sob os cobertores. Ao se esticar, os pés sentiram o calor da garrafa de água quente, e ele achou que fosse um animal, talvez um rato. Pulou da cama. Deve ter se sentido muito bobo quando descobriu que ficara tão amedrontado por causa de uma garrafa de água quente e de um lustre.

No caminho de volta do Oriente, o SMS *Zenta* fez uma parada na Terra Santa. *Papá* teve sorte de ter um guia particular, um padre franciscano de bom coração, que o levou em um passeio turístico pelos lugares sagrados e lhe mostrou onde comprar lembranças. Entre outras coisas, *Papá* comprou muitas garrafas de água pura do Jordão, com o rótulo "Jordan Water" de um lado e, do outro, uma cruz. Talvez ele imaginasse que algum dia formaria uma família grande, e que a água do Jordão seria uma forma especial de batizar seus filhos.

Esmirna (Izmir), na Turquia, foi outra parada onde a tripulação pôde desembarcar. A especialidade da cidade era os tapetes feitos a mão. O entretenimento dos lojistas consistia em ver se os clientes eram inteligentes o suficiente para barganharem pelo tapete até chegarem a um preço aceitável. Não sei como *Papá* foi avaliado por eles, mas ele comprou alguns tapetes lindos na Turquia, que mais tarde adornaram nosso lar.

Uma lembrança de suas viagens à China que sempre me intrigou era um pedaço de madeira com inscrições chinesas. No início da década de 1950, quando nos apresentamos no Havaí, um professor da University of Hawaii traduziu as palavras para mim. Era uma bênção para a casa, que dizia: "Que milhares de bênçãos caiam sobre vocês."

Quando o SMS *Zenta* retornou a Pola, no fim da missão à China, uma grande recepção esperava por sua corajosa tripulação.

Após sua primeira aventura militar, o próximo grande evento na vida de *Papá* foi o casamento com minha mãe. É uma história que Edwyn Gray, um escritor inglês especializado em assuntos navais e na invenção do torpedo, descreve em parte em seu livro *The Devil's Device*.[6] Ele menciona que *Papá* conheceu e se casou com Agathe Whitehead, a neta do inventor do torpedo, Robert Whitehead, um inglês.

Em 1908, as autoridades navais enviaram Georg von Trapp para Fiume para estudar a construção de submarinos e torpedos. Quando um dos primeiros submarinos construídos na fábrica de Whitehead – o U-5 – foi lançado em 1909, Agathe Whitehead foi convidada para ser a madrinha da cerimônia. Nessa ocasião, Georg von Trapp estava perto dela na plataforma ornada com a bandeira, alheio ao fato de que ele seria designado para comandar esse mesmo submarino e que aquela

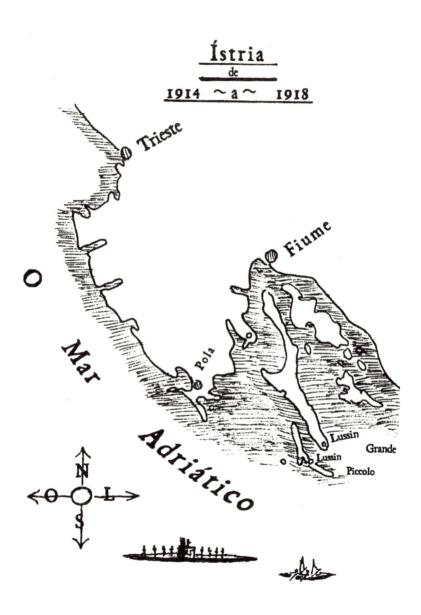

que lançava a embarcação se tornaria sua esposa um dia. Essa história é contada em detalhes nos próximos capítulos.

Dois anos mais tarde, em 14 de janeiro de 1911, Georg e Agathe se casaram, e a mãe de Georg, Hedwig Wepler von Trapp, pôde ir ao casamento apesar da saúde abalada. Em outubro desse mesmo ano ela morreria de tuberculose, aos 56 anos. O irmão de Georg, Werner, escreveu a carta abaixo para a avó, Engeline Wepler, e para sua tia Minna. Nela, ele menciona a chegada do primeiro filho de Georg e Agathe – um menininho chamado Rupert:

11 de novembro de 1911

Queridas Nona e tia Minna,

Obrigado a ambas do fundo do coração por suas palavras gentis e amáveis, escritas por tia Minna para mim.

Certamente vocês conheciam mamãe bem, mas vocês a conheceram como mãe? Vocês sabiam do paraíso infantil que ela criou para nós?

Lembro-me de mamãe muito amável, boa, amiga e gentil; no entanto, muito forte e orgulhosa. Porém, maior do que tudo era seu amor; o amor pelos filhos. Ela nos dedicou a vida, até mesmo sua saúde. Ela viveu somente para nós e para a memória de nosso pai. Em sua humildade e abnegação ilimitadas parecia dizer: "Agora que meus filhos iniciaram suas carreiras, cumpri minha obrigação; agora quero descansar e encontrar o Pai."

Agora ela está com Ele, e nossos pais têm a sua pequena e tranquila casa e estão olhando por nós e nos protegendo.

Pobre adorável mamãe; agora que enfim os filhos tinham como cuidar dela, ela se foi.

Georg deve ter escrito para vocês sobre os últimos dias dela. Estive com ela até cerca de dez dias antes de morrer, mas tive que partir depois. Quando nos despedimos, ambos sabíamos – era pela última vez.

Mamãe teve um fim digno e pacífico: morreu dormindo. Era tudo o que eu poderia desejar para ela. Quando voltei para lá, ela estava deitada muito tranquila e pacífica, adorável como sempre. Ela manteve sua expressão adorável até o fim, quando Georg e eu fechamos o caixão. Para isso, ficamos sozinhos.

Agora, finalmente, ela está livre dos sofrimentos e das preocupações da vida. No entanto, continua vivendo em nós; e como é bom saber que existe um *Wiedersehen* [um "até logo"]. Isso ajuda.

No ano que vem, gostaria de voltar, mas tudo é incerto quanto ao serviço militar.

Acho que a essa altura vocês sabem que um menininho "apareceu" na casa de Georg. Mamãe teria gostado de vê-lo – ela estava muito triste por não poder mais costurar para ele, mas chegou a fazer um casaquinho de crochê.

Ocorreu-me agora que estarei sozinho à noite.

Que Deus as abençoe, adeus. Agradeço de coração e as saúdo.

Seu neto e sobrinho fiel,
Werner

Uma grande casa foi construída para a jovem família de Georg von Trapp, tornando-se conhecida como Villa Trapp.[7] Localizava-se nos arredores de Pola, onde era a base de *Papá*, próximo à costa, em uma colina chamada "Monte Paradiso", com uma vista magnífica do mar Adriático. A casa foi construída no estilo nativo da região e era grande o suficiente para uma família numerosa. No entanto, não seria a casa da família de Georg von Trapp por muito tempo.

Em 1914, um ano após minha chegada, a Primeira Guerra Mundial eclodiu, e a área ao longo do litoral foi evacuada. Todos os civis tiveram de se retirar para um lugar mais seguro, no interior do país. Mamãe e seus dois filhos – meu irmão Rupert e eu – fomos convidados pela mãe dela para ficar no Erlhof durante a guerra. O Erlhof, o cinematográfico chalé de montanha, de vovó, localizava-se na costa do lago Zeller, nos Alpes da Áustria.

Foi dado a *Papá* o comando de um dos primeiros submarinos da Marinha austríaca. O submarino ainda estava em seus estágios experimentais, mas foi logo colocado em serviço, em função do começo repentino da Primeira Guerra. Em seu livro, Edwyn Gray escreve:

A passagem de Georg pela fábrica de Whitehead chegou ao fim em seu devido tempo, e ele foi enviado para comandar o torpedeiro *52*, no qual rapidamente demonstrou sua habilidade profissional. Permaneceu na alta estima dos oficiais mais graduados e ficou claro que, exceto no caso de algum acidente, o jovem tenente estava destinado a ocupar um dos cargos mais altos na Marinha imperial. Para dar-lhe experiência adicional, o almirantado o nomeou capitão do submarino *U-5* – o navio que sua mulher lançara antes de seu casamento.

A experiência de *Papá* no SMS *Saida II*, assim como a ação de resgate em nome da Embaixada austríaca na China, podem ter despertado nele o espírito de aventura. Sua disposição para arriscar, no entanto, era compensada por sua excelente capacidade de julgamento e por sua extraordinária presença de espírito. Sem essas duas características pessoais, *Papá* não teria alcançado sucesso como comandante de seu submarino.

Seu movimento mais ousado no começo da Primeira Guerra foi o lançamento de um torpedo em direção ao encouraçado francês *Léon Gambetta*, à noite, com a lua cheia em ascensão servindo de pano de fundo. Foi uma oportunidade única. Ele a aproveitou e conseguiu afundar o navio.

Nesse episódio em particular, que ocorreu em 27 de abril de 1915, Georg von Trapp se arriscou duas vezes em uma manobra que ia além de sua obrigação. Se ele fracassasse e voltasse são e salvo, teria sido levado à corte marcial por ter realizado um exercício militar fora de seu território designado. Se fracassasse e fosse destruído pelo encouraçado, teria perdido a própria vida, a vida de sua tripulação e o submarino.

Apesar de a manobra ter sido ousada, o risco foi diminuído por sua tática cuidadosamente avaliada e por sua confiança plena na tripulação, que por sua vez confiava totalmente nele. O *Léon Gambetta* afundou em nove minutos. A partir daquele dia o inimigo se absteve de enviar encouraçados àquela parte do Mediterrâneo; supunha-se que a Áustria possuía uma frota submarina muito superior à que tinha de fato. Instantaneamente, Georg von Trapp se tornou um herói da Marinha austríaca e uma ameaça imaginária para o inimigo. Essa manobra heroica no começo da guerra rendeu-lhe a Cruz de Maria Teresa, a mais alta condecoração possível na Marinha austríaca. O título de barão também veio com a condecoração. Mais tarde *Papá* escreveria um livro sobre suas experiências durante a Primeira Guerra Mundial.[8]

Quando as notícias sobre seus feitos extraordinários chegaram ao continente, Georg von Trapp foi considerado um herói pela população civil. Estudantes enviavam-lhe cartas de congratulações e cartões-postais eram impressos com sua fotografia e a do *U-5*. Para ele, sua vitória naval tinha um lado amargo. Ele pensava nos homens e oficiais que afundaram com o navio. Seu único consolo era que ele ajudara seu país na luta pela sobrevivência.

Sim, Georg von Trapp era um herói, mas para nós ele era nosso *Papá*. Ao voltar para casa de licença, retornava para uma família que se orgulhava imensamente dele. Lembro-me da excitação daqueles dias. Não me recordo de quantas vezes ele voltou para casa, mas tenho certeza de que suas visitas eram bastante frequentes. A vida no submarino era extremamente exasperante por causa do espaço reduzido, da fumaça e da falta de oxigênio. Logo, períodos de descanso frequentes em terra eram obrigatórios para os oficiais e para a tripulação.

Naquela época, Rupert e eu não entendíamos bem o que a guerra significava, mas compreendíamos que *Papá* saía em um navio que poderia submergir para atacar o rival. Ele afundava os navios inimigos e então voltava para casa para nos ver. Quando chegava a Erlhof, colocava de lado o uniforme da Marinha e vestia roupas civis. Após uma noite bem-dormida, *Papá* adorava brincar conosco. De manhã cedo, batíamos na porta de seu quarto e cantávamos as músicas que tínhamos inventado para ele. Frequentemente ele "virava" um elefante, permitindo que montássemos em suas costas. Às vezes, *Papá* contava histórias para nos fazer rir e ter calafrios – histórias que inventava sobre dragões, gigantes e todo tipo de coisas excitantes. Uma vez, no meio de uma história, eu perguntei: "Essa história é verdadeira?" Ele respondeu sinceramente: "Não, não é." Aí indaguei: "Por que então você está nos contando?" Com esta pergunta, a história terminou, e eu não ouvi outra por um bom tempo.

Outra vez, *Papá* tirou uma caixa de fósforos do bolso e colocou alguns palitos em cima da mesa. Apontou para eles e disse: "Este é o meu submarino, e estes são os navios inimigos." Em seguida, explicou para nós as suas batalhas marítimas. Não conseguimos entender tudo, mas percebemos que nosso pai estava em perigo e poderia ser ferido na guerra.

Deixávamos nossa imaginação fluir livremente. Nós o fazíamos deitar no grande sofá da sala e lhe dizíamos que tinha um enorme ferimento na cabeça. Eu era a enfermeira e cobria a ferida com seu grande lenço branco; e Rupert, o médico, pegava seu pulso para senti-lo e prescrevia repouso. Isso parecia uma ordem bem-vinda para *Papá*, que adormecia no ato.

De manhã, Rupert e eu frequentemente batíamos na porta de seu quarto. Após ouvirmos *"Herein"* (entre), entrávamos correndo, pulávamos na cama e falávamos: "Bom dia, *Papá*." Em seguida, ele nos pegava, um por um, e colocava no colo, com as pernas esticadas. À medida que ia dobrando os joelhos, criando uma montanha, subíamos para cair de repente em um vale profundo. Fazíamos essa viagem no ar repetidamente, nunca cansando do jogo. Nesse ambiente, ele poderia se esquecer da guerra por um momento e ser o pai adorável que na verdade era.

Em *A Noviça Rebelde* o Capitão foi retratado como severo, distante e inflexível. Na realidade, o Capitão, nosso pai, era gentil, afável e sensível. *Mamá* não poderia ter encontrado um pai melhor para nós.

2

Mamá, nosso raio de sol

Nossa mãe, Agathe Whitehead von Trapp, tinha uma beleza delicada, plácida, natural e discreta. Em minhas primeiras memórias dela, mamãe está usando uma saia marrom-avermelhada até os tornozelos e uma blusa branca enfeitada com bordados húngaros vermelhos em torno do decote, ombros e punhos. A blusa lhe caía muito bem. Uma vez a observei arrumando o cabelo, criando um penteado perfeito. Ela escovava suas ondas castanhas para cima; juntava o longo cabelo em um rabo solto no topo da cabeça, onde o prendia lá. Em seguida, esquentava um ferro de enrolar sobre uma pequena chama e enrolava as pontas do cabelo atrás e ao lado do rosto. Para uma menininha, isso era um evento extraordinário, porque nós, crianças, costumávamos não ver nossa mãe até que ela estivesse totalmente vestida e pronta para o dia. Eu a admirava muito.

Mamá era capaz de administrar uma casa grande, com uma cozinheira, empregadas e outros funcionários de uma forma discreta e gentil. Todas as pessoas que conheceram *Mamá* a amavam e se lembravam dela por anos, inclusive os empregados. Ela nunca dizia uma palavra grosseira. Dizia o que tinha que ser dito com uma voz gentil, mas firme. Quando entrava na sala, parecia o nascer do sol. Não me surpreende que para *Papá* tenha sido amor à primeira vista.

Mamá nasceu em Fiume em 14 de junho de 1890, filha de John e Agathe Whitehead, que tinham seis filhos: John, Frank, Agathe, Mary, Robert e Joan. Na casa dos pais, a Villa Whitehead, *Mamá* teve uma formação aristocrática. A família incluía uma grande equipe de empregados. Tutores particulares e uma professora de piano que morava na casa foram os responsáveis pela educação de *Mamá*.

Papá me contou a história de como ele conheceu *Mamá* em uma festa após o lançamento do submarino *U-5*, em 1909. Ele era um dos convidados em um evento organizado pela condessa Alice Hoyos, filha de Robert Whitehead e tia de Agathe, a ser realizado após a cerimônia. É provável que depois de estudar e trabalhar a semana inteira na fábrica o jovem Georg tenha ficado entusiasmado para se arrumar e ir a uma festa. Naqueles dias, qualquer convidado que soubesse tocar algum instrumento era solicitado a proporcionar o entretenimento. Vovó tocava piano muito bem. Ela e a filha Agathe, que tocava violino, entretiveram os convidados com sua música naquela mesma noite.

Georg também vinha de uma família musical. O pai assistia à ópera em Zara frequentemente e, após chegar em casa, se sentava ao piano e tocava alguma das músicas que acabara de ouvir. Georg tocava violino, violão e bandolim. Na festa, ficara encantado com a música que ouvira, mas também impressionado com Agathe. Enquanto ela tocava o violino, ele observou sua beleza e seu espírito tranquilo. Aos 19 anos, ela não era apenas bonita, mas também madura e segura de si. Mais tarde ele me contaria que nessa ocasião teve certeza de que ela estava destinada para ele.

Naquela noite eles dançaram, e a mãe de Agathe convidou Georg para um chá vespertino com a família na casa de campo deles em Fiume. Mais tarde Georg foi convidado a visitar Erlhof, a casa de verão dos Whitehead. Não distante da casa, um riacho corria ladeando a montanha íngreme.

Lembro-me de um dia, quando eu estava com cerca de 7 anos de idade, e *Papá* me levou para caminhar próximo desse riacho. Ele estava usando um terno verde-oliva, de que eu gostava muito. Ele me confidenciou que o traje era muito especial porque o usara quando pediu a mão de *Mamá* em casamento. Continuamos subindo por uma faixa que ladeava o riacho. Meu pai me mostrou uma imensa pedra com uma superfície limpa e plana, perto dali. Essa pedra deve ter rolado montanha abaixo no período glacial. As extremidades arredondadas contavam sua história.

Sobre essa pedra *Papá* e *Mamá* conversaram e prometeram um ao outro sua vida. Logo após isso, o noivado foi anunciado. Visto que Agathe tinha apenas 19 anos de idade, vovó Whitehead sugeriu que eles aguardassem até que Agathe tivesse idade para se casar. Eles esperaram dois anos. Georg von Trapp e Agathe Whitehead se casaram como num conto de fadas em Fiume, em 14 de janeiro de 1911.

Recentemente, recebi uma descrição desse evento dos arquivos em Graz, Áustria, redigida na época do casamento por minha avó materna, meu tio Franky e outro parente, Margit Kinsky. Composta em alemão, foi uma lembrança da cerimônia para os convidados. Segundo esse livreto, as festividades duraram três dias. Minha avó sabia como organizar tudo muito bem. Ela estava entregando sua filha mais velha ao mundo, e aquele deveria ser o dia mais maravilhoso de sua vida. Foram convidados parentes da Inglaterra, Alemanha e Áustria. Alguns cruzaram o canal da Mancha de navio e outros chegaram de trem, de todos os lugares. Uma hospedagem foi providenciada na cidade de Fiume para cada convidado.

A mãe, a tia e a avó de *Papá* chegaram de Pola em 12 de janeiro. A única festividade desse dia foi o registro civil para o casamento.

Todos os convidados chegaram no dia seguinte. No porto havia uma abundância de pequenas embarcações, conhecidas como *Barkassen*, levando os convidados da estação ferroviária para a cidade de Fiume, onde a Villa Whitehead estava preparada para as festividades. Houve muita alegria e excitação com a sua chegada. Um chá foi servido às 16 horas. Certamente, o enxoval e muitos presentes foram colocados do lado de fora para que todos os vissem.

Um oficial administrativo da fábrica de torpedos do avô da noiva cumprimentou-a com um discurso cordial e presenteou-a com um belo vaso de prata para cultivar plantas de interior. A seguir, o capataz dos operários fez um discurso amável e significativo para *Mamá* e entregou um lindo arranjo de flores. Minha avó observou que essas atitudes eram, para ela e para seus filhos, uma comprovação emocionante da afeição e lealdade da equipe da fábrica para com a família Whitehead. Tenho certeza de que a ausência do pai de *Mamá* foi imensamente lamentada por sua família nesse evento tão importante; ele morrera em 1902.

Na noite de 13 de janeiro um delicioso bufê foi servido na sala de jantar, e todos estavam de bom humor. Uma festa foi programada para as 21 horas, com música e dança. Doze membros da banda naval, escolhidos para divertir com músicas animadas, se dirigiram para o salão de baile. Vovó comentou que eles tocavam tão bem quanto a melhor banda vienense, o que é o maior elogio que um austríaco pode fazer a um grupo musical.

Os convidados vestiam trajes de gala. Minha avó, a mãe da noiva, usava um vestido de baile branco com cauda, um longo véu de renda veneziana e requintadas joias. Para esse acontecimento, a noiva usou um vestido de brocado azul-claro com cauda, uma tiara de diamantes (um presente de casamento dos dois irmãos mais velhos), um broche também de diamantes e um colar de pérolas. Ela e o noivo, em seu uniforme formal, eram o casal que mais se destacava no salão de baile.

Todos os convidados compareceram, inclusive representantes da fábrica de torpedos e muitos amigos de Fiume. A festa terminou à meia-noite, uma vez que o casamento era no dia seguinte.

Durante o café da manhã, no dia 14 – o dia do casamento –, um destacamento da tripulação do submarino de Georg chegou com um lindo arranjo de flores. Muitas outras flores e congratulações foram entregues à noiva. Minha avó escreveu que às 11 horas os convidados se reuniram na Academia Naval da Áustria. O superintendente da academia, capitão Schubert, colocara a capela e os salões públicos à disposição da família.

Minha avó acrescentou que os convidados chegaram em carruagens e carroças de todos os tipos. A noiva e a mãe foram as últimas a chegar à igreja. A caminho do local, ao passarem pelas casas dos trabalhadores, mulheres e crianças se perfilavam ao longo das calçadas, acenando e fazendo muita algazarra, enchendo o ar com gritos de alegria. Muitas pessoas da academia já estavam reunidas do lado de fora da igreja.

Minha avó observou que Agathe parecia muito jovem e meiga em seu vestido de noiva e véu. Ela estava calma, natural e simples.

À medida que os convidados entravam na igreja, dois a dois, o órgão era tocado pelo multitalentoso professor de violoncelo do irmão da noiva. Ele viajara para Fiume apenas para essa ocasião. O professor de religião da noiva, um padre, fez uma saudação emocionante e realizou a cerimônia do casamento. Em seguida, o capelão da academia naval rezou a missa matrimonial. Foi uma celebração verdadeiramente solene, que transcorreu de forma impecável. A noiva e o noivo estavam radiantes.

Georg e Agathe foram os primeiros a deixar a igreja e foram recepcionados com vivas de congratulações e alegria. A tripulação do submarino de Georg, juntamente com os trabalhadores da fábrica, tinha enfeitado o caminho da entrada da igreja até a rua principal com mastros de bandeira, decorados com buquês de folhagens e flores. Bandeiras britânicas e austríacas tremulavam, assim como os brasões de ambas as famílias. As pessoas se perfilaram em ambos os lados do caminho do jardim, acenando com mãos e chapéus. Elas gesticulavam como somente os italianos conseguem fazê-lo, e gritavam: *"Eviva I Sposi!"* (Vivam os recém-casados!) Minha avó escreveu que esse momento foi especialmente emocionante porque os membros da tripulação do submarino e os trabalhadores da fábrica tinham planejado e executado essa ovação para seu comandante e sua jovem esposa por conta própria.

Agathe e Georg agradeceram, muito emocionados, a manifestação de afeto. Os operários e os marinheiros os acompanharam até a vila para verem o casal mais uma vez. Enquanto subiam as escadas para se reunirem à família e almoçarem, eles se viraram e acenaram para todos os que lhes desejavam, entusiasmados, os melhores votos.

Na sala de estar, a família toda parabenizou o jovem casal. Georg e Agathe se sentaram no centro da mesa principal, com os convidados de honra em ambos os lados. As mesas foram arrumadas para a festa, e os outros convidados se sentaram à direita e à esquerda na mesa principal. Cada mesa foi ricamente decorada com flores; o vaso de prata adornava a mesa principal. Dois arranjos florais graciosos, em formato de veleiro, foram presenteados ao casal. Foram feitos discursos encantadores, e a atmosfera geral era de felicidade.

Foi acordado que os recém-casados partiriam sem uma despedida formal. Imediatamente após o café ter sido servido, a mãe da noiva e a do noivo foram ao quarto onde Agathe trocava de roupa para a viagem de lua de mel. Quando chegou a hora de partir, as mães acompanharam os filhos até o andar de baixo. Lá, eles foram saudados novamente com gritos de bons agouros e congratulações por todos os convidados.

O irmão de Agathe, John, solicitara o prazer de levar os noivos à estação de trem. Após muitos agradecimentos e despedidas, eles entraram no carro com braçadas de flores e folhagens. Visto que estavam indo para Metuglie[1], precisavam passar pela estrada pela segunda vez e foram novamente cobertos por flores e votos de felicidades. Segundo vovó, eles não poderiam ter tido uma festa mais feliz, harmoniosa e alegre.

Após ler esse relato do casamento de meus pais, posso até perceber uma lágrima secreta escorrendo pelo rosto de minha avó enquanto ela acompanhava sua Agathe querida pelas escadas até a entrada para lhe dizer um último adeus. Ela tinha investido todo o seu amor pela filha nesse casamento, e agora não a veria mais porque o casal viveria em Pola, onde Georg servia. Ela nem poderia imaginar que, três anos depois, sua filha estaria de volta, juntamente com dois filhos pequenos, por causa de circunstâncias que fugiam ao controle de qualquer um.

Os rumores da Primeira Guerra Mundial começaram em junho de 1914, e todos os civis que viviam próximos à costa precisaram deixar as áreas designadas como zonas de guerra. Vovó Whitehead possuía uma grande residência de veraneio no interior da Áustria, o Erlhof. Nesse ano, ela convidou *Mamá* para ficar lá com os dois filhos enquanto a guerra durasse e *Papá* estivesse ausente, em serviço. Rupert estava com 2 anos e meio de idade, e eu, com 1 ano e três meses. Logo, minhas primeiras memórias são da casa de minha avó, o Erlhof.

Pensando bem, acho que deve ter sido um grande sofrimento para *Mamá* desistir de sua casa nova e bonita em Pola e enfrentar as incertezas da Primeira Guerra com dois filhos pequenos. No entanto, em vez de se lamentar, ela se ocupava em Erlhof ajudando a mãe e as irmãs, Mary e Joan, nas atividades da vida cotidiana.

Mamá sabia tricotar, fazer crochê e costurar. Lembro-me dela sentada no banco próximo à fachada de Erlhof, tricotando meias de lã para os soldados das linhas de frente; fazendo ataduras de algodão para as perneiras e até ataduras brancas para os feridos.

Mamá costurava bem e me ensinou a fazê-lo também quando eu tinha 4 anos. Naquela ocasião, costurávamos a mão, não possuíamos uma máquina de costura. Aprendi a fazer pequenas bainhas, e agora, todas as vezes que faço bainha em saia penso naqueles preciosos momentos quando ela me ensinou esses pontos. Queria aprender a costurar como ela e não me importava em praticar pequenos pontos durante o que me pareciam horas. *Mamá* fez meus vestidos, roupas íntimas e até mesmo um casaco de tecido cinza-azulado que eu achava lindo. Mal podia esperar até poder vesti-lo!

Ela sabia costurar e fazer crochê muito bem e muito rápido. Conseguia tricotar e ler ao mesmo tempo, um feito que eu admirava, mas que nunca consegui realizar. Ela o fazia com o livro no colo, sem olhar para o que estava tricotando ou para o crochê. Quando pedi que ela me ensinasse a fazer tricô e crochê, ela o fez. Anos mais tarde, minha irmã Maria e eu passávamos horas sentadas tricotando meias de algodão até o joelho para *Papá*. Ele as usava frequentemente, embora fossem longas demais na parte de cima.

Mamá, sua irmã Mary (*Tante* Mary para nós) e *Tante* Connie, esposa do irmão de *Papá*, Werner, trabalhavam juntas para fazer botas de neve até a altura dos joelhos para nós. Para as botas, elas usavam feltro grosso da cor de marfim, e para as solas, utilizavam algum material marrom parecido com carpete. É provável que elas tenham se inspirado nas botas usadas pelos soldados bósnios estacionados na fazenda do meu avô.[3] Os soldados ajudavam o fazendeiro em seu trabalho e, à noite, se sentavam do lado de fora da casa, cantando músicas nativas. Aprendemos uma dessas músicas não com os soldados, mas com *Tante* Mary e *Tante* Joan, que as aprenderam com eles.

A música era algo assim: "Milke moye moye moye, Milke moye moye moye, Milke moye lasemta lasemta." Cantávamos essa música com muito entusiasmo por causa da melodia cheia de vida, embora não compreendêssemos as palavras. Às vezes, *Mamá* e suas duas irmãs cantavam outras músicas folclóricas simples em duas partes, que nós, crianças, rapidamente aprendíamos e cantávamos entre nós. *Mamá* era muito musical. Não somente cantava lindamente, mas também tocava piano e violino.

Aprendi muito com *Mamá* naqueles dias da Primeira Guerra, só de estar com ela e observá-la. Ela plantava flores e verduras. Fez um jardim só para mim e me mostrou como plantar as sementes. Muitas das atividades que ainda são úteis para mim, como jardinagem e costura, aprendi com *Mamá* naqueles dias.

Aos domingos, *Mamá* e as tias nos levavam, cruzando o lago a remo, para a missa na igreja ducentista na cidade de Zell am See. Eu me sentava na popa do barco, observando-as remar enquanto tentava não ficar enjoada até chegarmos ao pequeno molhe. Lá, o barco era amarrado até chegar a hora de remar de volta.

Após a missa, *Mamá* nos levava pela praça da vila, até a banca de frutas de *Frau* Steinwender. Ainda consigo ver seu rosto amigável, como uma maçã de casca rosada, e um sorriso inesquecível quando cumprimentava *Mamá* e nos dizia: "*Ja, die lieben Kinder*" (Ah, as queridas crianças). Então, *Mamá* comprava algumas frutas e *Frau* Steinwender fazia um pequeno cone de papel branco e o enchia com cerejas ou alguma outra frutinha da estação – como ameixas ou damascos – para cada um de nós. Ela adorava *Mamá* há muito tempo, porque a via há muitos domingos, mesmo antes de nascermos. *Frau* Steinwender era grisalha e usava uma trança ao redor da cabeça; sua face brilhava como um girassol. Ela devia ter quase 80 anos.

Depois, *Mamá* entrava no prédio ao lado para visitar *Frau* Von Lammer, a proprietária do banco. Às vezes, ela subia as escadas para visitar a mulher de um dos oficiais de *Papá*, que morava em um apartamento com o filho pequeno, Stutz von Jedina, que mais tarde se tornou nosso companheiro de brincadeiras. *Frau* Von Jedina era uma mulher alta e magra, muito amável conosco; mas, para mim, ela sempre parecia triste. No apartamento ao lado do de *Frau* Von Jedina vivia *Frau* Von Kastner, também mulher de outro oficial da Marinha austríaca.

Àquela altura, era hora de cruzar o lago de volta para a casa de nossa avó no lago Zeller, sempre azul e calmo nessas excursões. As montanhas majestosas ao nosso redor nos protegiam.

Todas as noites, na hora de dormir, *Mamá* vinha rezar conosco e sempre incluía uma oração para *Papá*, que estava embarcado para defender nossas linhas costeiras. Lá, próxima da costa do mar Adriático, ficava nossa casa. Rezávamos para nosso pai e nossa casa. Deus bondosamente protegeu a ambos.

Durante os anos de guerra em Erlhof, resfriados e tosses eram ocorrências comuns. Em tais casos, *Mamá* nos colocava na cama com uma compressa de água quente ao redor de nosso tronco. Essas compressas eram chamadas de *Wickel* (embalagens). Em um quarto escuro, devíamos suar e tentar dormir enquanto esperávamos a compressa fazer efeito. Uma xícara de chá de flor de tília quente com mel completava o tratamento. O mel realmente o adoçava. O sabor era maravilhoso.

Quarenta e cinco minutos depois, *Mamá* voltava para retirar as compressas e nos secar. Em seguida, nos dava pijamas limpos, e depois disso tomávamos um copo de água fria. Ainda posso lembrar o alívio da retirada das compressas! Suar era considerado o remédio para infecções respiratórias e, muitas vezes, foi eficaz.

Por vivermos em um lugar tão isolado como Erlhof, qualquer quebra na rotina era considerada um grande evento. Havia agitação quando as primeiras sementes brotavam e quando descobríamos patos no lago. Todos tinham que ir ver como os patos mergulhavam e desapareciam! Ficávamos imaginando de onde emergiriam da água. Ah! Eles saíam tão longe de onde mergulhavam!

Outro evento era a chegada e a partida dos trens. Nós os observávamos chegarem à estação de Zell am See, do outro lado do lago. Às vezes, eles traziam pessoas que desembarcavam para nos visitar.

A maior agitação, no entanto, era a chegada de um bebê. Na nossa época, a cegonha trazia os bebês e, visto que eles sempre pareciam chegar pela manhã, era natural que estivessem na cama com *Mamá*. Quatro crianças Von Trapp nasceram em Erlhof: Maria, Werner, Hedwig e Johanna.

Em setembro de 1914, ano do nascimento de Maria, a Marinha não permitia que seu pessoal enviasse ou recebesse mensagens particulares. Então, a única forma de *Mamá* anunciar o nascimento de um novo filho para *Papá* foi enviar um telegrama oficial sonoro: "*S.M.S. Marie eingelaufen*" (S.M.S. Marie chegou). O telegrama foi entregue sem dificuldades.

O Natal de 1914 foi o ano em que o irmão de *Papá*, tio Werner, esteve de licença durante as festas de fim de ano. Eu não tinha nem 2 anos na ocasião, mas lembro de sua visita nitidamente. Tio Werner foi morto em ação em maio de 1915. Meu irmão Werner, nascido em 21 de dezembro de 1915, foi batizado em sua homenagem. Duas outras irmãs vieram depois dele.

Hedwig chegou em julho de 1917; e Johanna, em 1919, após o fim da guerra. Mais tarde chegaria ainda outra irmã.

Tenho uma lembrança linda daqueles dias. *Papá* e *Mamá* sentados próximos um do outro na sala de estar de Erlhof, conversando calmamente. Jovem como eu era, aquela cena deixou em mim uma impressão indelével. Hoje ainda consigo ver a imagem de meus pais tão claramente quanto a vi naquela ocasião. Sentia a paz e a união que existia entre eles, e pensava: *É assim quando se é casado*. Somente mais tarde na vida descobri que isso era muito raro.

Apesar da guerra horrível, nossos primeiros anos foram felizes e pacíficos, sobretudo devido à atmosfera criada por nossa mãe e avó. *Mamá*, com sua personalidade resplandecente, seu talento musical, seu amor pela natureza, sua bondade e, acima de tudo, sua dedicação à família, nos deu o presente de uma infância maravilhosa e construiu a base para os anos vindouros. Aqueles tempos felizes aconteceram na casa de nossa avó.

3

A vida com Gromi

Nossa avó materna, Agathe Breuner Whitehead, era uma pessoa única. Por ter morado na residência de veraneio dela, Erlhof, tive a oportunidade de conhecê-la bem. Meus irmãos, irmãs e eu a chamávamos de "Gromi". Quando criança, meu irmão Rupert inventou esse nome porque não conseguia pronunciar *Grossmutter* (avó).

Gromi, nascida em 1856, era filha do conde August Breuner. Portanto, pertencia à aristocracia austríaca. Era suficientemente inteligente, no entanto, para saber que a posição social não é tudo, então, quando se apaixonou por um "plebeu" – e, além disso, um inglês –, ela se casou com ele. John Whitehead era engenheiro; herdara o talento do pai para engenharia e se tornara sócio dele na fábrica de torpedos, localizada em Fiume. Lá, Gromi e meu avô construíram sua casa, a Villa Whitehead, em frente à fábrica.

Eu não conheci meu avô, John Whitehead, pois ele morreu em 1902, nove anos antes do casamento de meus pais. Gromi nunca falou dele para nós. Acredito que ela tenha vivido o luto a vida inteira e simplesmente não estava disposta a falar sobre o marido. Só me lembro de Gromi viúva.

Gromi era uma mulher baixa, elegante e um pouco gorda, com uma postura corporal muito boa. Só usava as cores cinza-claro e bege no verão e preto e cinza-escuro no inverno. O véu branco em cima do penteado (tradicional para as viúvas inglesas daquela época) realçava seus trajes e contribuía para sua elegância. Era muito apropriado, e eu não conseguia imaginá-la sem ele. Não posso dizer que Gromi era bonita, mas tinha um charme natural e nenhuma vaidade. Ela era quem era e não tentava ser nada além disso.

Por ser um pouco pesada, Gromi foi para Karlsbad, uma estação de águas na Boêmia, atualmente República Tcheca, para fazer "a cura" (uma dieta para perder peso). Ela trouxe para casa um doce conhecido como *Karlsbader Oblaten*, uma especialidade do spa Karlsbad. Ele consistia de dois biscoitos grandes, da finura de um papel, com uma camada açucarada entre eles. Esse doce é vendido em uma lata redonda, e cada um deles é envolto em papel fino. Era tão delicioso...

Para a viagem a Karlsbad ela levou malas bem cheias. Acredito que fazer uma mala fosse um desafio especial para Gromi; é possível que, quando confrontada com uma mala, ela a encarasse como um quebra-cabeça. Para ela, essa situação significava não deixar nenhum – não, nem mesmo o menor – espaço entre os objetos a serem colocados na mala e se assegurar de que eles se ajustassem bem uns aos outros, sempre embrulhados em papel de seda branco. O resultado dessa forma de arrumar malas era uma mala tão pesada quanto uma pedra. Ela se orgulhava muito de seu método e o ensinou para mim. Nunca parecia ocorrer-lhe que as malas pudessem ser pesadas demais para os homens que as carregavam. Mas será que alguém alguma vez disse isso a ela? Como ela poderia saber? Os homens são mais fortes do que as senhoras idosas, e aqueles que carregavam as malas dela não pareciam reclamar nunca!

Depois que seu marido John morreu, Gromi comprou um terreno para construir uma casa de veraneio nos Alpes austríacos, no lago Zeller. Na propriedade havia uma casa de fazenda com estábulos. Um fazendeiro local trabalhava ali e mais tarde acabou virando fornecedor de carne, aves domésticas, ovos e leite para a família. A fazenda chamava-se "Der Alte Erlhof" (a velha Erlhof).

Esse lindo lugar nas montanhas era uma área isolada. Havia uma estrada de terra contornando o lago, ladeada por uma cerca de madeira. Essa estrada dividia a propriedade de Gromi: as instalações da fazenda ficavam no pé de uma montanha e, do lado do lago, havia um campo pedregoso, onde ela decidiu construir. Do outro lado do lago, Gromi podia contemplar a linda vista das montanhas cobertas por neve, o Kitzsteinhorn, e as cadeias de montanhas adjacentes. Com a ajuda de um arquiteto local, Gromi transformou o campo pedregoso em um pequeno paraíso.

A própria Gromi me contou como o fez. Ela sabia como queria que a casa fosse construída, assim como tudo que estaria ligado a ela. O arquiteto fez os projetos de acordo com sua descrição. Quando tinha uma ideia especial à qual ele se opunha por não parecer possível, ela lhe mostrava como aquilo *poderia* ser feito.

Nessa parte da propriedade ela criou uma unidade quase autossuficiente. Havia a fazenda, com animais, vacas leiteiras, galinhas e porcos. Para mais além da estrada, próximo ao lago, ficava a casa de sua família, um chalé de alvenaria e madeira com uma fundação de granito. Havia uma construção menor no mesmo estilo, abrigando a cozinha, a sala de jantar e os quartos dos empregados. Um corredor fechado por janelas de vidro e uma porta de vidro de cada lado ligava as duas construções, criando um caminho acessível da cozinha à sala de jantar e do pátio ao jardim. Havia também um depósito de gelo subterrâneo para refrigeração. Em uma construção pequena no fundo da casa principal três mulheres lavavam a roupa de todos diariamente.

Gromi construiu outra casa menor para o jardineiro e sua família. Ele cuidava da horta; administrava as plantações em torno da casa e os terrenos; plantava árvores e canteiros, de acordo com as instruções de Gromi.

No jardim havia uma casa pequena com um banco dentro. Era uma construção pouco usual. O telhado era de madeira sólida, mas as laterais eram feitas de postes de madeira com espaços entre eles. Os postes eram cobertos com uma vinha, *Pfeifenstrauch* (arbusto de cachimbo), formando assim uma grade. Suas folhas imensas eram moldadas em forma de coração, e as flores pareciam pequenos cachimbos. Nós os usávamos para fingir que fumávamos.

Nas margens do lago, abaixo da casa, havia dois ancoradouros para barcos. Um deles era para chatas – um tipo de barco local remado de pé, com apenas uma vara grande. O segundo ancoradouro era para os dois barcos a remo, importados de Londres, usados pela família. Havia também um barracão de madeira que abrigara uma quadra de tênis, servindo agora como armazém e, ocasionalmente, como área de diversão para as crianças.

Um riacho da montanha delimitava a propriedade de Gromi de um lado. Às vezes, ele era pequeno, mas durante longos períodos de chuva aumentava e se tornava uma

Mapa da propriedade de Gromi

Erlan (árvores)

Erlbach (córrego)

Montanha

Velha casa de fazenda

Estábulo
vacas

porcos

Jardineiro

Barracão
madeira etc

Lavanderia

Casa para os
funcionários

Cozinha refeitório

depósito de gelo
subterrâneo

Erlhof

Gromi

hall

Casa dos barcos

impetuosa corrente. Então, arrastava pedras e troncos de árvores, assim como rochas, montanha abaixo. O nome do riacho era Erlbach por causa das árvores, *die Erlen*, que cresciam às suas margens. Esse riacho começou a formar uma península ao depositar uma quantidade enorme de fragmentos no lago. A pedra nessa área é ardósia, uma das formações rochosas mais antigas, e muito quebradiça.

Do outro lado desse riacho da montanha havia outra pequena construção, uma casa de brinquedo para a filha mais nova de Gromi, Joan. Era uma cabana de madeira com um banco e uma mesa embutida. Havia uma ponte estreita que ligava a ela.

Tudo isso foi construído na virada do século XX, quando os filhos de Gromi eram jovens e precisavam de um lugar para passar os meses de verão longe do calor da cidade. Quando aparecemos em 1914, Erlhof estava simplesmente lá, e foi somente muito tempo depois que percebemos como Gromi planejara essa linda casa de verão para os filhos.

Ao regressar a Erlhof, minha mãe conduzia os dois filhos e uma babá que estava com ela desde o nascimento de meu irmão Rupert. Além de receber minha mãe e seus dois filhos, Gromi generosamente convidou também *Tante* Connie, a viúva do irmão de meu pai, Werner, e os filhos dela.

Por *Tante* Connie ser irlandesa e não dominar o alemão, Gromi e sua família falavam em inglês a maior parte do tempo. Por essa razão, desde muito cedo em nossa infância Rupert e eu aprendemos alemão e inglês. Por mais estranho que possa parecer, acredito que Deus garantiu que dominássemos, já em uma tenra idade, o conhecimento e a experiência da língua que precisaríamos usar naquele lugar que, por fim, se tornaria nosso lar: os Estados Unidos.

Nossa babá foi muito importante em nossas vidas. Seu nome era Marie Holzinger, mas nós a chamávamos de "Nenni", uma germanização de *nanny* [babá em inglês]. Nenni só falava alemão, da variedade austríaca, claro. Ela era muito gentil e o braço direito de *Mamá*. Nenni mantinha o quarto das crianças em ordem e uma rotina diária para nós. Dava nos as refeições; assegurava que dormíssemos um pouco à tarde; levava-nos para passear no jardim; tomava conta de nós enquanto brincávamos; dava-nos banho e nos colocava na cama. Ela sempre mantinha nossas roupas e lençóis limpos. Nenni tomou conta de todos os bebês de *Mamá* à medida que foram nascendo, em rápida sucessão. Tenho certeza de que *Mamá* era grata por não ter que subir e descer as escadas correndo tantas vezes quanto Nenni! Em uma casa grande como a de Gromi, uma babá era uma necessidade, e ela se tornou um membro da família. Embora nossos pais fossem uma parte constante de nossas vidas, a rotina diária foi entregue à babá. Só Johanna e Martina não ficaram sob os cuidados carinhosos de Nenni, porque na época em que elas nasceram já tínhamos uma nova babá.

Quando Rupert fez 6 anos, a vida ficou mais séria, uma vez que ele e eu nos "formamos" no maternal e passamos a ter nossa primeira governanta e professora. Rupert precisava entrar na primeira série. Não havia escola de ensino primário por perto, por isso uma jovem professora, *Fräulein* Zeiner, foi contratada para viver conosco. As aulas eram dadas no sótão da casa de Gromi, onde Rupert e eu dividíamos um quarto com varanda. As tarefas da moça não consistiam apenas em ensinar Rupert, mas também em cuidar de nossa rotina diária da forma como Nenni fizera. Gostávamos muito de nossa nova governanta.

Quando descobri que Rupert aprenderia a escrever, perguntei a *Fräulein* Zeiner se podia aprender também. Ela me deu um caderno de caligrafia. Em seguida, desenhou a letra *i* no início de cada linha, cada uma com um pingo em cima da vareta. Eu estava ansiosa para copiá-las. Não sabendo o quanto era importante escrever as letras exatamente segundo o padrão, tomei algumas liberdades artísticas e fiz uma pequena ondulação de fumaça no topo da vareta, em vez de um pingo. Achava que as letras ficavam mais interessantes. Desenhei a página toda dessa forma, com todas as pequenas baforadas de fumaça surgindo de forma harmoniosa de minha página. Quando, aos 4 anos e meio de idade, apresentei a *Fräulein* Zeiner a primeira página da escrita que fiz, achei que ela ficaria encantada, mas, ao contrário, ficou muito zangada. Jogou o caderno no chão e me disse muito claramente que aquilo não era o que eu deveria ter feito. Irrompi em prantos, e assim terminou minha primeira aula de escrita.

Embora essa primeira aula tenha sido uma decepção para mim, lembro-me de *Fräulein* Zeiner com gratidão. Ela me ensinou algo que foi imensamente mais valioso do que aprender a escrever. Um dia, quando me levava a meus irmãos para a caminhada vespertina usual, vi algumas pequenas plantas, flores, raízes de árvores cobertas de musgos e pedras ao lado da estrada. Eu as achei lindas e quis saber quem as tinha feito. *Fräulein* Zeiner disse: "Deus as fez." "Quem é Deus?", perguntei a ela. Ela respondeu: "Deus é um Espírito. Não podemos vê-lo. Ele pode fazer tudo que quiser, e Ele sabe tudo. Ele fez as árvores, as flores, a grama e tudo o que é vivo." Naquela idade tão tenra, eu estava tão perto do chão que podia ver coisas que os adultos não notavam com facilidade. Fiquei maravilhada quando ela me contou sobre esse Deus que sabe tudo e pode fazer tudo que quiser.

Porém, em seguida, algo me ocorreu e me fez sentir pena Dele. Tive que dizer a ela: "*Fräulein* Zeiner, Deus não pode ver o que Ele fez porque Ele é um Espírito!" *Fräulein* Zeiner me contou que uma vez Ele se tornara homem e então pôde ver tudo que criara.

"Onde Ele está agora?", eu quis saber. Ela respondeu: "Um dia, há muito tempo, Ele foi morto." Essa notícia me fez ficar ainda mais triste. Quando ela viu que eu estava triste, rapidamente acrescentou: "Porém, agora, Ele mora em uma pequena casa na igreja, atrás de um véu branco." Essa informação me fez ficar feliz novamente. Desse momento em diante, todas as vezes que íamos à igreja, eu olhava para aquele véu de que ela falara. Embora nunca tenha conseguido descobrir como encontrar "esse Deus" atrás do véu, ainda acreditava que Ele morava na igreja, naquela pequena casa no altar, e isso era suficiente para me dar uma sensação de grande reverência ao adentrar aquele local. Desse momento em diante, tive um amor delicado por esse Deus todo-poderoso e onisciente que fez todas as coisas e morava atrás de um véu branco na igreja. Nunca esqueci essa conversa com *Fräulein* Zeiner. Embora sua "teologia" não fosse cem por cento precisa, *Fräulein* Zeiner, com sua explicação simples sobre Deus, infundiu em meu coração o amor por nosso Criador.

Um dia, ela disse a todos que planejava entrar para o convento. Colocou uma toalha na cabeça para nos mostrar como seria sua aparência como freira. Antes de partir, lembrei-a de que não deixasse de nos visitar e, de uma forma tipicamente infantil, pedi que ela nos trouxesse laranjas, limões e cubos de açúcar. Todos esses itens eram muito raros. Nem imaginávamos que, depois que entrasse no convento, ela nunca mais poderia nos visitar ou nos trazer presentes.

Além de termos uma governanta, tínhamos também uma professora de piano que morava conosco e ensinara minha mãe e seu irmão Franky quando eram crianças. Quando ouvi que *Fräulein* Kupka daria aulas para Rupert, pedi a *Mamá* para também aprender a tocar piano. Meu entusiasmo originou-se de ouvir tio Franky sentado ao piano, tocando sem olhar para qualquer música. Achava que tudo que se tinha que fazer era se sentar em frente ao piano, colocar as mãos nas teclas e tocar. Então, comecei a entender que provavelmente se aprendia a fazer isso tendo aulas de piano. Eu tinha, nessa época, apenas 4 anos e meio.

Eu não podia esperar para começar. O dia em que me sentei diante do piano foi maravilhoso. Tinha certeza de que *Fräulein* Kupka faria o milagre de me ensinar uma valsa ou algum outro tipo bonito de música. Em vez disso, ela tentou me ensinar a *ler* música, letra por letra, nota por nota, som por som. Certamente, essa seria uma boa forma de ensinar crianças capazes de ligar as letras, os sons e os símbolos e ainda encontrar os sons no teclado, porém não funcionou para alguém tão jovem quanto eu. Tentei, mas não consegui ler a música. Tinha certeza de que conseguiria tocar qualquer som que tivesse ouvido, mas por mais que tentasse não conseguia ligar os símbolos musicais da página com os sons nas teclas.

Por eu não conseguir aprender dessa forma, *Fräulein* Kupka ficou muito zangada e bateu nos meus dedos com um lápis, gritando que ela iria embora se eu não melhorasse. Saí do piano aos prantos, encerrando, dessa forma, minhas primeiras lições de piano. Embora possa agora tocar piano de ouvido e até improvisar – eu toco o que ouço na minha mente –, nunca aprendi bem a ler música.

As professoras daquela época deviam pensar que as crianças eram pequenos adultos. Muita infelicidade poderia ter sido evitada se os professores daquela geração soubessem um pouco de psicologia infantil.

Em torno da mesma época de minhas primeiras aulas de escrita e piano Gromi me concedeu um privilégio muito especial. Tive permissão para entrar em seu *boudoir*, mas somente quando ela me convidava. Não era bem um *boudoir*; era seu escritório particular, onde ela se sentava em uma escrivaninha antiga e no qual se podia ver todos os tipos de coisas bonitas e interessantes, como fotografias emolduradas, vasos com flores, recordações e pequenos manequins. Gromi me disse: "Você pode ver com os olhos, mas não com as mãos." Essa foi a minha primeira lição sobre propriedade alheia.

Em seu *boudoir*, Gromi me contava histórias sobre sua família, o que eu sentia ser muito importante para ela, mas não tanto para mim. Porém, eu não ousava dizer que não queria ouvi-las por medo de ferir seus sentimentos. Hoje, fico feliz por ela ter me contado essas histórias. Embora na época eu não pudesse nem mesmo visualizar o que ela estava me contando e a razão por trás de tudo aquilo, essas lembranças permanecem comigo e me ajudaram a escrever este livro.

Incluídas nessas histórias estão as de seus pais. O conde August Breuner e a condessa Agathe Breuner possuíam uma casa majestosa em Singerstrasse, na cidade de Viena, conhecida como o Palácio Breuner. Lá, os Breuner passavam os invernos. Portanto, podiam desfrutar das artes – concertos, teatro e ópera – e assistir a quaisquer eventos sociais que pudessem estar acontecendo na corte imperial em Viena. Eles também se divertiam nos salões bem-decorados de seu próprio palácio. Nele, havia um apartamento onde Gromi ficava quando precisava ir à cidade, ao dentista ou fazer compras.

Por conta de sua infância, Gromi sabia o que era um lar bem-administrado. Ela cresceu no Castelo Grafenegg,[1] uma propriedade grande no campo. Sua mãe e seus empregados administravam a vida doméstica: o pai de Gromi e seus funcionários cuidavam das terras. Gromi, por essa razão, teve um modelo a partir do qual moldou sua vida doméstica em escala um pouco menor. Ela sabia como a casa deveria funcionar e como fazê-la funcionar.

Gromi administrava sua família numerosa com sabedoria e autoridade. Supervisionava o jardim e se divertia vendo os netos chegarem e crescerem. Ela também pintava paisagens da propriedade, posicionando-se em diferentes partes do terreno, além de retratos de algumas das pessoas que lá viviam. Convidava o vizinho, o professor Hochenegg, um médico proeminente, para dar conselhos sobre a saúde de sua família e para discutir questões de política nas quais estava interessada. Gromi escrevia longas cartas para seus parentes.

Gromi nunca ficava à toa; seu dia era bem-planejado, com diferentes atividades. Todos os dias ela dava instruções ao cozinheiro, às empregadas, ao mordomo e ao jardineiro. Ainda consigo ouvi-los dizer: "*Jawohl, Frau Gräfin*" (Muito bem, condessa). Embora tivesse casado com um plebeu e pudesse se chamar simplesmente "Sra. Whitehead", ela manteve o título de condessa de seu nome de solteira, talvez para manter a autoridade após a morte do marido. Gromi lidava com os empregados de forma firme, porém serena. Nunca ficava nervosa, nem elevava a voz. Nunca presenciei qualquer correria de última hora ou excitação. Ela parecia ser capaz de cuidar de tudo em tempo hábil.

No pescoço Gromi usava um relógio pendurado em uma longa corrente. Ele tinha uma tampa que abria quando um pequeno botão na lateral era apertado. Era um relógio de ouro com gravações na tampa. Quando dizíamos "Bom dia, Gromi", ela pegava o relógio, mostrava-o para nós e dizia "Sopre nele". Então, quando soprávamos, a tampa abria de um salto, e víamos o mostrador. Por muito tempo pensávamos que a tampa abria porque soprávamos nela! Era divertido para ela e para nós. Rupert, nosso cientista, foi quem descobriu o verdadeiro funcionamento desse mistério.

Gromi sabia da importância da autodisciplina. Ela a exercitava consigo mesma, e desejava nos ensinar o mesmo. Havia uma horta atrás da casa da cozinha era cercada por uma cerca viva de arbustos de groselha-vermelha e branca. Quando as groselhas amadureciam, Gromi mandava Rupert e eu colhê-las com cestinhas, mas ela enfatizava que não deveríamos comer nenhuma groselha enquanto as colhíamos. Naqueles dias, era considerado prejudicial à saúde comer frutas cruas. Ou talvez ela pensasse que comeríamos muitas!

Então, ela dizia: "Tilli [o cozinheiro] fará *Ribisel Eis* [sorvete de groselha]." Colhíamos entusiasticamente as groselhas e competíamos para ver quem colhia mais em menos tempo. Era um desafio que ficávamos felizes de enfrentar. A recompensa vinha em forma do sorvete mais delicioso, feito por Tilli. Macio, doce e gelado, com gosto de groselha sem as sementes. Era maravilhoso!

Mamá adorava jardinagem. Ela e a irmã, Mary, jardinavam muito em Erlhof, onde os canteiros ladeavam a casa de Gromi. Os canteiros tinham malva-rosa, esporas, delfínios, flox vermelho e branco e dedaleira, que nos informaram ser venenosa. A entrada da casa era adornada com vasos de flores cheios de uma azaleia rara pendurada, conhecida pelo nome de *Goldglocken* (sinos dourados). Gromi se orgulhava muito dessa planta e se assegurava de que ela fosse bem-cuidada. Às vezes, ela mesma a regava. O jardineiro administrava os caminhos do jardim, que sempre estavam limpíssimos; nem uma só erva daninha aparecia. Havia também arbustos de flores, abetos, lariços altos e freixos com bagas vermelhas no outono. Gromi e seu jardineiro tinham plantado todas essas espécies, e cuidavam de tudo.

Aproveitando tanta beleza natural, nossa governanta nos levava para passear e explorar o campo nas redondezas. Quando o tempo estava bom, parte de nossa rotina diária consistia em andar pela estrada suja ao longo do lago e fazer caminhadas na montanha íngreme que se erguia por trás da propriedade de Gromi. Nunca ficávamos sozinhos nesses passeios.

Uma de nossas caminhadas pelo lago nos levou ao Hotel Bellevue. Ele tinha uma vista deslumbrante das montanhas cobertas de neve que ficavam do outro lado do lago. Para nós, uma característica singular do hotel era o mensageiro negro que morava lá. Negros eram uma raridade na Áustria, e esse mensageiro fascinava minha irmã Maria, que tinha cerca de 4 anos de idade. Essa fascinação inicial era um presságio do que seriam seus interesses e seu trabalho quando adulta. Muito tempo depois, ela passaria 32 anos como missionária laica em Papua-Nova Guiné, ajudando as pessoas em suas lutas com a vida moderna.

Outra caminhada nos levou, primeiro, pela margem do lago e, depois, subindo a montanha íngreme até a casa do *Honigbauer* (fazendeiro de mel). O único lugar plano era a área onde a casa estava. A fazenda tinha um pouco de tudo: vacas, talvez um cavalo, galinhas, carneiros e cabras. Além de agricultura, esse fazendeiro criava abelhas, que polinizavam suas árvores frutíferas. Ele tinha macieiras, ameixeiras, uma ou duas cerejeiras e uma ou duas pereiras. Todas essas frutas eram preservadas em jarros ou desidratadas para o inverno. Quando chegávamos à sua casa, a esposa do fazendeiro saía sorrindo e dava a cada uma das "queridas criancinhas" um pedaço de pão preto de centeio feito em casa, bezuntado com mel. Que prazer após nossa escalada íngreme! Em seguida, *Fräulein* Zeiner comprava uma jarra de mel para levar para casa.

Às vezes, íamos com Gromi pelas margens do lago em suas caminhadas diárias. Havia gansos nadando próximo à margem. Quando Gromi passava, eles saíam da água e corriam em sua direção com o pescoço esticado, apontando os bicos e silvando para ela. Gromi, que sempre carregava uma sombrinha, a apontava para os gansos e a abria e fechava rapidamente. Tal atitude era para dizer a eles: "Não silvem para mim. Não atrapalhem a minha caminhada." Eles entendiam e voltavam para a água. Por causa dessa experiência, mais tarde sugeri ao meu pai que ele deveria usar sombrinhas em vez de torpedos para espantar o inimigo!

Uma das caminhadas mais memoráveis pela área envolveu uma aventura perigosa. *Mamá* levou Rupert, então com 5 anos, e a mim, com 3 anos e meio, para uma caminhada até Sand Riegel, um terreno em uma das extremidades do lago Zeller. A área era plana e arenosa, com grandes arbustos de amoras silvestres por todo lado. Entre os arbustos, o capim era exuberante, o que era bom para o gado pastar. Quando íamos lá para caminhar e estava na época, sempre colhíamos amoras silvestres. Em vários lugares havia pequenos celeiros de feno (*Heustadel*), nos quais o fazendeiro guardava a planta para uso posterior. Os *Heustadel* eram construídos de toras de madeira com espaços entre elas, como uma escada, o que permitia que o ar circulasse e mantivesse seca a forragem armazenada. O pequeno celeiro tinha um telhado com telhas de madeira e uma janela grande. Era fácil pular a janela e entrar no monte de feno usando as toras como apoio para os pés.

Naquele dia específico, o fazendeiro tinha posto seu touro para pastar lá. Os arbustos de amora devem ter ocultado o touro da visão de *Mamá*; ela não sabia que ele estava lá. Assim que descobriu que alguém estava entrando em seu território, o touro atacou. Repentinamente, *Mamá* percebeu que ele corria em nossa direção. Ela nos pegou debaixo de seus braços, correu para o *Stadel* mais próximo, jogou cada um de nós pela janela no feno e, em seguida, entrou também. Logo depois o touro chegou. Obviamente, ele não conseguiu escalar as toras para entrar no palheiro e circulou o *Stadel* várias vezes, bufando. Quando viu que os intrusos não poderiam ser alcançados, finalmente saiu em trote. Quanto tempo ficamos encurralados no celeiro de feno, não sei. Porém, acho que o fazendeiro teve que nos resgatar e mandar o touro de volta para o estábulo. Em seguida, *Mamá* nos levou para casa sem mais incidentes.

Enquanto apreciávamos as belezas de nosso mundo durante as caminhadas, começávamos a ver aviões de guerra no céu. Próximo ao fim da guerra, aviões passaram a aparecer sobre o lago Zeller. Eles foram os primeiros aviões usados durante a guerra. Embora seu objetivo fosse obscuro para nós, Gromi não arriscava de forma alguma; não viraríamos alvos. As asas dos aviões eram retas e estreitas, fazendo-os parecerem libélulas lá no alto. Podíamos vê-los claramente do chão. Na realidade, era emocionante vê-los sobre o lago. No entanto, Gromi compreendia seu perigo potencial, e nos ordenava que corrêssemos para trás da casa e ficássemos encostados junto à parede enquanto os aviões estivessem na área. Certamente, bombas poderiam ter sido jogadas, e não seríamos capazes de fazer nada para nos salvarmos.

No espaçoso jardim de Gromi, ao longo das margens do lago, aprendemos muito sobre a generosidade da natureza. Naqueles dias não havia rádio, televisão, teatro, shoppings ou até eletricidade. *Que monótono!*, alguém poderia pensar. Mas não; em vez de tudo isso, usávamos nossa imaginação para transformar uma fileira de cadeiras em um trem expresso e um sofá em um hospital.

A sala de estar em Erlhof era um lugar perfeito para se "brincar de trem". As cadeiras de Gromi feitas de vime se tornavam vagões de passageiros, com Rupert como condutor. Maria e eu éramos as passageiras. O "condutor" nos dava bilhetes, gritava o nome das estações e anunciava as paradas do trem. Maria e eu desembarcávamos na "estação".

Em dias chuvosos, gostávamos de improvisar com fantasias. Fingíamos que Rupert era o rei; eu, a rainha; e Maria, a princesa. Rupert e eu colocávamos coroas de papel dourado feitas por *Tante* Mary, e Maria usava um grande laço branco em seu cabelo. Quando nos cansávamos desses papéis, nos tornávamos pai, mãe e filhos. Rupert não tinha escolha; ele era o pai! Eu era a mãe; e Maria, a filha.

Às vezes, todos os adultos se reuniam para brincar conosco. Havia jogos de que gostávamos muito, como caça ao dedal, gato e rato e pique-esconde.

Gromi tinha uma pilha de revistas educativas de Munique com entalhes em aço lindamente coloridos, com cenas e eventos históricos. Elas incluíam contos de fadas, histórias em verso e cenas da *Ilíada* e da *Odisseia*. *Papá* e *Tante* Mary representavam a história de Odisseu e o ciclope, com *Papá* narrando o conto emocionante.

Os meses de inverno traziam outras formas de entretenimento. Um dia, ao chegar em casa de licença militar, *Papá* colocou seus esquis e nos disse para ficarmos em pé atrás dele segurando suas pernas. Lá descemos nós com ele pelos declives suaves atrás da casa de Gromi. Essa foi a primeira vez que esquiamos.

Havia outras formas de entretenimento na neve. Quando a consistência estava boa para fazer bolas de neve, *Mamá* e *Tante* Mary construíam um grande iglu no qual podíamos ficar em pé. Ajudávamos a fazer grandes bolas de neve, usadas para formar a casa de neve. Outra vez, elas serviram para a construção de um homem de neve com uma cenoura no nariz e um chapéu preto. Todos nos divertíamos muito naqueles dias de inverno.

Ainda outra atividade de inverno de que gostávamos era observar os homens cortando gelo no lago. Quando o gelo do lago atingia pelo menos 30 centímetros de espessura, o fazendeiro levava seus cavalos amarrados a um trenó de madeira especial e dirigia por cima do gelo próximo à margem. Em seguida, ele e seus homens cortavam blocos de gelo, cada um medindo cerca de 30 x 30 x 80cm; retiravam então os blocos com imensos ganchos de aço na ponta de longas varas e os carregavam no trenó. A operação toda era um espetáculo fascinante para os adultos e mais ainda para nós, crianças. Observávamos cada movimento, sempre temendo que alguém pudesse cair na água ou que o gelo pudesse quebrar com o peso dos grandes cavalos e do trenó. Isso nunca aconteceu.

Quando o carregamento estava completo, eles o levavam para a casa de neve de Gromi. Dentro, os homens arrumavam os blocos de gelo de maneira a formar um lance de escadas, como prateleiras, em que o cozinheiro poderia colocar cestos, potes ou caixas de comida. O gelo durava até o inverno seguinte. Somente o cozinheiro tinha a chave do lugar. No início do verão, amoras selvagens cresciam sobre o topo gramado da casa de neve. Eu era a única que sabia sobre as amoras e costumava colhê-las como presente para *Mamá*.

Durante os longos e frios meses de inverno, Gromi fornecia um entretenimento especial para sua família e convidados. Ela recortava quebra-cabeças para eles. Gromi tinha uma serra de vaivém especial para fazer peças de quebra-cabeça na sala de estar. Ela pegava uma pintura interessante, montada sobre um fundo de madeira; recortava a figura em muitos pedaços pequenos, que não eram facilmente distinguidos uns dos outros; e os colocava todos em uma caixa. Em seguida, montava uma mesa de cartas. Os membros da família e os convidados que visitavam a casa procuravam as peças de quebra-cabeça difíceis de encaixar e as colocavam em lugares específicos para que a figura pudesse emergir lentamente.

Gromi era uma pessoa dotada de uma educação bem abrangente. Interessava-se por tudo ao seu redor. Fora educada em casa, segundo os costumes das famílias aristocráticas de sua época. Seus talentos eram muitos e variados. Transformava a lã crua em fios com sua roca, também sabia ler música e tocar o piano bem, às vezes executava duetos com *Mamá* ou tio Franky. Gromi criou e administrou um lar bem-organizado e participou de nossa criação.

Aqueles primeiros dias passados em Erlhof, sob os olhos vigilantes de *Mamá*, Gromi e das tias, foram de fato preciosos. Aprendemos a viver como uma família, na qual os valores eram importantes. Aprendemos a nos divertir e ouvimos os primeiros sons da música que mais tarde se tornou uma parte tão importante de nossas vidas.

4

Duas ocasiões especiais

O Natal de 1914 é o primeiro de que me lembro. Eu não tinha nem 2 anos de idade. Fiquei parada diante da árvore de Natal, que ia do chão ao teto. A suave luz das velas iluminava o ambiente. Diante de seu brilho, eu estava sozinha. Um homem alto e magro veio em minha direção. Ele era loiro, vestia um uniforme cinza-azulado com um colarinho verde alto e bordas verdes nas mangas; era o uniforme de gala do Regimento de Guarda do Imperador.

Ouvi alguém dizer: "Este é o tio Werner." Olhei para ele.

Ele se curvou e gentilmente me beijou na testa. Soube imediatamente que era uma pessoa muito gentil, mas nunca mais o vi novamente. Tio Werner foi morto em uma ofensiva dos russos contra as tropas austríacas na Galícia em 2 de maio de 1915. Em minhas lembranças, no entanto, tio Werner ainda está tão vivo hoje quanto estava naquela véspera de Natal há tanto tempo.

Na Áustria daquela época, as crianças aprendiam que era o menino Jesus quem trazia os presentes no Natal. Os anjos eram seus ajudantes. Uma sala era reservada para dar privacidade ao menino Jesus, e as crianças sabiam que não deveriam perturbá-lo.

"Noite feliz..."

Em Erlhof, o quarto das crianças era no segundo andar. De lá, uma grande escada aberta conduzia diretamente à grande sala de estar, que era chamada de "o salão". Uma semana antes do Natal o salão era isolado da escada. Éramos avisados para não usá-la porque o menino Jesus e seus anjos estavam preparando uma surpresa para a véspera de Natal. Todos sussurravam e ficavam imaginando o que os anjos estariam fazendo, já que o Natal estava tão próximo.

Na véspera do Natal vestimos as melhores roupas para a ocasião sagrada; nossas expectativas estavam no auge. Depois, ouvimos o som de um sino de prata anunciando que era hora de irmos para o salão. Vagarosamente, com o coração batendo forte, descemos a grande escadaria. Ah, que maravilha! Lá estava a árvore de Natal em seu esplendor. O salão estava iluminado por velas suaves, amplificadas um milhão de vezes pelas bolas de vidro em cores vivas e um véu brilhante de cabelos-de-anjo. Ficamos parados, absorvendo tudo.

À medida que chegávamos mais perto da árvore, víamos biscoitos pendurados em fios dourados. Havia também balas embrulhadas em papel colorido, com franjas em cada extremidade, e amarradas à árvore com fios prateados. Aves-do-paraíso com longas caudas de vidro e outros ornamentos coloridos estavam visíveis através do fino véu de cabelos-de-anjo. Tudo isso era ainda mais maravilhoso porque nós, crianças, acreditávamos que o céu tinha descido à Terra na pessoa de Jesus para nos deixar presentes e compartilhar Suas graças.

Ao lado da árvore, deitado em uma manjedoura, estava o menino Jesus. Ele sorria e esticava os braços para nós. Seu cabelo era encaracolado e claro, da cor da palha em que estava deitado. Fiquei feliz de ver que ele não estava deitado diretamente sobre a palha, mas em um pequeno e lindo lenço branco com acabamento em renda. Desejei muito que o menino Jesus na manjedoura fosse verdadeiro e não feito de cera, e que Ele pudesse se movimentar como os bebês de verdade fazem.

Após alguns momentos de admiração, a casa inteira – família e empregados – cantou junto "Noite feliz". Em seguida, a cada pessoa foi mostrado o lugar onde os respectivos presentes estavam colocados sobre toalhas de mesa brancas, cobrindo a mobília. Tudo era uma surpresa. É lógico que fazíamos aquilo que todas as crianças fazem no Natal: mostrávamos os presentes para nossos pais. Eles admiravam tudo, como se nunca os tivessem visto antes. As meninas geralmente recebiam bonecas, para as quais *Mamá* fazia roupas, e mobília de boneca. Não consigo lembrar muito bem os presentes dos meninos, mas pelo menos em um Natal um cavalinho de pau e um estábulo com animais foram dados a Werner.

A imagem de meu tio, da árvore de Natal e de mim mesma permanecem indeléveis em minha memória. Sempre guardarei com carinho essa lembrança de meu tio Werner naquela maravilhosa véspera de Natal de 1914.

Outro evento memorável de minha infância ocorreu em Erlhof quando eu tinha quase 6 anos de idade. Encontrei minha bisavó, a condessa Agathe Breuner, pela primeira e única vez. A ocasião? Foi no aniversário de 85 anos dela, quando uma festa foi organizada para ela. Lembro-me de ver uma fotografia, tirada anos antes, que mostrava quatro gerações com o nome de Agathe. Minha avó ficou muito alegre que sua mãe tivesse vivido tempo bastante para aparecer naquela fotografia. Eu era o bebê do retrato. Quando veio nos visitar em Erlhof, minha bisavó estava acompanhada de amigos e parentes, uma vez que meu bisavô morrera muitos anos antes. Na celebração do aniversário de minha bisavó, lembro-me da prima de minha mãe, *Tante* Lorlein Auersperg, e de um dos oficiais e amigos de *Papá*, Erwin Wallner, que mais tarde se casou com *Tante* Lorlein. Erwin Wallner tinha uma linda voz de barítono, adorava cantar árias e estava sempre disposto a fazê-lo.

Lembro-me de minha bisavó como uma mulher bem idosa, vestida de preto, um pouco recurvada e com muitas rugas. Ela usava um chapéu de renda redondo, branco, com uma fita preta entrelaçada ao redor da aba. Não tenho qualquer recordação de sua personalidade, mas ela deve ter sido extremamente amada por sua família para receber uma festa de aniversário tão grandiosa.

Semanas antes de ela chegar, *Mamá, Tante* Mary e *Tante* Connie costuravam roupas para nós e para elas próprias para criar quadros vivos como parte das festividades após o almoço. A apresentação foi realizada em um barracão na velha quadra de tênis. Havia um pequeno palco no qual foi colocada uma enorme moldura de madeira. Nele, ficávamos posicionados como estátuas, vestidos com trajes de épocas passadas. Os mais crescidos encenavam um quadro de um navio pirata com sua tripulação. Maria e eu vestimos trajes da corte imperial, os quais eram longos, com cinturas altas, e tinham faixas cor-de-rosa. Usamos também bonés de *chiffon* branco estampado com pequenas rosas para combinar. Rupert vestiu um terno listrado de azul e branco no mesmo estilo com um chapéu preto do tipo barrete. Eu tinha uma segunda fantasia, a minha favorita. Eu me vestia como um pajem medieval de bombachas de veludo vermelho-escuro e uma túnica na mesma cor com pelo na bainha, gola e punhos, e um cinto com uma faca do lado. Calçava chinelinhos de veludo vermelho debruados com pelo e uma boina debruada da mesma forma, com uma pena vermelha presa na tira.

Gromi tinha uma pilha de revisas antigas, *Münchner Bilder Bogen*, que, na verdade, eram livros de arte para adultos com ilustrações deslumbrantes de eventos históricos. Havia também quadros da moda de diferentes séculos, com páginas de trajes de regiões e países da Europa. Essa revista de capa dura, editada na Alemanha, foi provavelmente a inspiração de nossos quadros vivos.

Antes da grande apresentação, vi o grupo inteiro saindo da casa principal e indo em direção ao barracão, onde o palco e os assentos tinham sido arrumados. Werner, com quase 3 anos de idade, corria na frente do grupo, cantando claramente, bem alto, *"Ich hatt' einen Kameraden"* (Eu tinha um companheiro), uma música que era cantada pela população e pelos soldados austríacos durante a guerra. *Fräulein* Zimmermann, nossa governanta na época, compôs um longo poema e me fez memorizá-lo. Eu de fato o decorei, mas somente os sons. Não tinha qualquer noção do que estava dizendo. *Fräulein* instruíra-me a ficar de pé durante o jantar, bater a colher de sobremesa no meu copo e recitar o poema. Porém, após algumas frases, esqueci o que vinha depois e não consegui prosseguir! Houve um silêncio mortal. Eu e a mesa de jantar inteira ficamos paralisados de constrangimento. Ninguém disse uma palavra; ninguém me ajudou, e eu rompi em lágrimas. Daí em diante e até bem mais tarde na vida adulta ficava com a língua presa na frente de estranhos. Felizmente, com o tempo, venci essa aflição.

Na manhã seguinte, houve uma missa em casa para todos os convidados. Devido à falta de espaço, a missa foi realizada no barracão onde tínhamos feito as apresentações de quadros vivos. O padre viera de Zell am See e durante a missa distribuiu a comunhão sagrada. Eu não tinha ideia do que era uma missa e pensava que ele estava distribuindo balas de menta! Quando todos se levantaram para pegar a "bala", também fiz o mesmo. Porém, antes que eu pudesse chegar perto do padre, alguém me agarrou, e fui informada de que não podia ganhar uma. Mais tarde minha mãe me explicou que eu precisava esperar até ficar mais velha para receber o que eles estavam recebendo e ela disse que *não eram* balas de menta.

Dois anos mais tarde, em 20 de novembro de 1920, minha bisavó morreu em Goldegg bei St. Pölten, na casa de sua filha Lori. Gromi foi ao funeral.

Fräulein Zimmermann me disse que eu tinha que escrever uma carta de solidariedade para minha avó. Nunca tinha escrito uma carta em meus 7 anos e meio de vida. Isso parecia um problema sério. De qualquer maneira, associei morrer com ir para o céu. Por que minha avó ficou triste quando sua mãe foi para o céu? Por que eu deveria escrever dizendo à minha avó que eu estava triste por sua mãe ter morrido? Ela fora para o céu. Minha avó tinha que saber disso. Por que eu deveria escrever para ela sobre algo que ela sabia? O que poderia lhe dizer que ela já não soubesse? Ela é a avó, que é muito mais velha e mais sábia do que eu.

Não lembro o que acabei escrevendo, ou se a governanta ditou algo para mim. Porém, lembro perfeitamente de ter tido esses pensamentos e o conflito que surgiu por causa da ordem de eu escrever essa carta. Tenho certeza de que minha bisavó teria me ajudado e me consolado em minha tristeza se pudesse. Porém, ela estava no céu. Eu não compreendia a tristeza que podia ser maior do que a compreensão das coisas.

Embora possa parecer incomum para uma criança ter recordações tão nítidas, as imagens daquele Natal muito especial e da visita de minha bisavó sempre permanecerão comigo.

5

A era pós-guerra

Em 11 de novembro de 1918 a guerra terminou. Nossos soldados voltaram das linhas de frente nos trens da tropa, os quais chegavam superlotados. Alguns estavam tão ansiosos por voltar para casa que subiram no teto dos vagões. No entanto, não conseguiram chegar em casa porque caíram dos trens ou foram decapitados na entrada dos túneis, pelos quais os trens passavam para cruzar as montanhas.

O Império Austro-húngaro estava se desintegrando. A Hungria se separara da Áustria, assim como a Tchecoslováquia e a Croácia. A Ístria e o Tirol do Sul foram entregues à Itália pelo Tratado de Versalhes. O imperador Carlos I da Áustria se exilou com a família em 1919. As adversidades dos tempos difíceis eram sentidas por todos à medida que os alimentos, os tecidos e outras mercadorias se tornavam escassos.

As fronteiras entre as províncias austríacas estavam fechadas. Qualquer um que viajasse de uma província para outra estava sujeito a uma revista corporal se os funcionários das ferrovias suspeitassem de contrabando de alimentos. Todas as coisas básicas da vida eram difíceis de obter. Por causa disso, aos domingos e nos dias santos, apesar de todas as restrições, multidões iam das cidades para o interior visitar "parentes" nas fazendas para conseguir verduras, frutas, manteiga e carne. Se as pessoas fossem pegas fazendo mercado negro, os alimentos eram confiscados, ou taxas altas eram impostas às mercadorias. A economia estava tão deflacionada que o governo imprimia dinheiro de emergência, que não tinha valor nenhum.

A Áustria estava muito empobrecida. Os pobres recebiam um pequeno terreno (*Schräbergarten*) na periferia das cidades, onde podiam cultivar verduras e frutas. Cada terreno continha um barraco de fabricação caseira para ferramentas e era contornado por uma cerca de arame.

Naqueles primeiros dias pós-guerra, as pessoas comiam cães, gatos, coelhos e esquilos. Elas pegavam patos e gansos dos lagos pertencentes a outras pessoas. Eram capazes de comer qualquer coisa somente para continuarem vivas. O pão era feito de uma crosta preta recheada com farinha de milho, misturada com serragem. Tecidos eram misturados com papel. Os fios eram feitos de papel, torcidos firmemente, mas claro que se dissolviam quando molhados.

Embora tivéssemos uma cozinheira muito boa, ela não sabia preparar carne. Não importava o que fizesse, ficava dura como couro de sapato – sobretudo o bife cozido. Após os adultos terminarem a refeição, nós – as crianças – continuávamos sentadas por horas e horas, mastigando sem parar aquela carne. Naqueles dias, as crianças tinham que comer o que era colocado no prato, gostassem ou não, e não podiam deixar a mesa até que seus pratos estivessem vazios. Os adultos pareciam conseguir mastigar a carne, mas nós, não. Após horas tarde adentro, minha irmã Maria sofreu muito, batalhando com aquela carne dura.

Carne de porco era pior ainda. Alguém poderia dizer: "Bem, é melhor ter carne dura do que não ter nenhuma." Porém, isso não resolvia o problema de mastigá-la! O porco não era apenas duro; também era insosso. Era necessária toda a minha força de vontade para colocar um pedaço da carne de porco na boca. Eu ficava sentada após o almoço – a principal refeição na Áustria, servida às 13 horas – e mastigava sem parar. Uma tarde, ao ver-me ainda comendo sozinha na sala de jantar por volta das 15 horas, a empregada de *Mamá* me perguntou qual era o problema. Eu disse que não conseguia mastigar a carne. Ela então me disse: "Você me deixaria comer esse pedaço de carne?", se referindo à carne que eu já tinha mastigado e colocado de volta no prato. Eu respondi: "Sim, se você quiser." Ela pegou o pedaço e o comeu, terminando com toda a carne do meu prato, permitindo, portanto, que eu saísse da mesa. Eu a abracei por esse feito altruísta.

O chucrute era outro prato difícil de engolir por causa do cheiro muito forte. O odor era devido ao método de preparação. Um molho de cebola acompanhava todos os pratos de carne, supostamente para melhorá-los. Infelizmente, alguns de nós não gostavam de molho de cebola. Outra verdura muito saudável, mas odiada, era o nabo vermelho. Ele vinha do pomar de Gromi. Nós não gostávamos dele, embora soubéssemos que continha ferro, necessário para manter um corpo saudável. Havia também o nabo amarelo (*die Rucken*), cultivado principalmente para alimentar os porcos. Porém, o que fazer se existia uma escassez de outras comidas mais apetitosas? Você come *die Rucken*. Naqueles dias, Werner rezava *"Lieber Gott lass Mehlspeis wachsen!"* (Querido Deus, por favor, permita que as sobremesas cresçam!).

O açúcar e a farinha eram os presentes de *Papá* para a família. Na Hungria, o açúcar era feito de beterraba. Visto que a rota de *Papá* da Marinha de volta para casa atravessava a Hungria, ele podia comprar algum açúcar e levá-lo para a Áustria, onde essa mercadoria era algo do passado. Ele dava algum açúcar para Gromi e o restante para nós. Ele também obteve alguma farinha – farinha branca *de verdade*, que não era misturada com serragem. Farinha branca pura era uma mercadoria preciosa na Áustria, e inacessível há tempos. *Mamá* a colocou em um recipiente de madeira para armazená-la, para que fosse usada moderadamente, conforme a necessidade. Para seu desalento, apenas alguns dias depois ela descobriu que camundongos tinham feito um buraco em um dos cantos do recipiente e se servido da farinha, deixando fezes misturadas a ela. O que fazer? Visto que a farinha era tão preciosa, *Mamá* e a cozinheira a peneiraram para retirar as fezes. Lembro-me de observar o procedimento, que levou algum tempo para ser realizado. *Mamá* então colocou a farinha limpa em latas.

Uma manhã, ouvi *Mamá* dizer que ela precisava levar Werner para Viena porque ele tinha "pernas tortas". Por causa da alimentação deficiente durante os anos de guerra, suas pernas precisavam ser endireitadas por um especialista. Lógico que eu também queria ir para Viena. Eu devo ter ouvido histórias de Gromi sobre o quanto Viena era bonita e excitante. *Mamá* me disse que eu não poderia ir junto porque não havia nada errado com minhas pernas. "Mas", disse ela, "se você se comportar, não chorar e esperar até ficar mais velha, *você* viajará para Viena e para muitos outros lugares." Com essa promessa, resolvi esperar até a minha vez de viajar chegar. *Mamá* não tinha ideia de que fizera uma profecia que *de fato* se tornaria realidade muitos anos mais tarde.

Os soldados que voltavam da guerra não encontraram uma pátria que cuidasse de suas necessidades, uma pátria onde a paz e a segurança logo os ajudariam a se recuperar do que tinham sofrido no corpo e na alma. Ao contrário, voltavam para um caldeirão fervente de mudanças sociais. Não havia empregos, comida, roupas. Muitos soldados que tinham combatido corajosamente por seu país batiam de porta em porta, às vezes em trapos, de muletas, mendigando comida. Os soldados e os marinheiros que faziam isso também procuravam trabalho para que pudessem comprar cigarros e qualquer mercadoria de que precisassem, talvez uma passagem de trem para visitar seus parentes. Lembro-me de um homem da Marinha italiana que bateu na nossa porta e perguntou a meu pai se ele poderia trabalhar para nós. O homem se descreveu em italiano como "forte come un toro". Meu pai ficou fascinado com sua criatividade e o contratou para fazer o trabalho de jardinagem. Ele tinha cabelos pretos encaracolados e só falava italiano. Nós o chamávamos de "Toro". Ele ficou por um tempo e depois foi embora.

Após o fim da guerra, a Marinha austríaca foi extinta, e a Iugoslávia e a Itália tomaram o comando de seus navios. Alguns de nossos oficiais navais que eram italianos ou iugoslavos estavam dispostos a servir os novos regimes. Porém, para *Papá*, isso era impossível. Sua lealdade era para com a Áustria, vitoriosa ou derrotada. Antes de ele voltar para casa, fomos informados de que a guerra terminara. *Papá* estava voltando para sempre, mas muito triste, e nos disseram para sermos muito carinhosos com ele. Somente mais tarde é que percebi o tamanho do ajuste que meu pai precisou fazer em sua vida: de capitão de submarino para a posição de chefe de família com cinco filhos pequenos. Ao retornar a Erlhof, *Papá* quis encontrar uma casa para nós o mais rápido possível, porque vivíamos na casa de Gromi.

Para mostrar sua apreciação a Gromi, *Papá* decidiu que antes de deixarmos Erlhof faríamos algo especial para ela. Até o fim da Primeira Guerra Mundial a iluminação em Erlhof consistia em lâmpadas de querosene com enormes luminárias brancas. Naquela época, uma estação de energia elétrica estava sendo construída bem no topo das montanhas, próximo a Zell am See; então, *Papá* e tio Franky trabalharam para instalar luz elétrica em Erlhof. Gromi ficou encantada com a perspectiva de iluminar a sala de jantar e outros ambientes com um toque no interruptor. Todos estavam ansiosos por esse evento grandioso.

Nós nos reunimos na sala de estar para assistir à primeira lâmpada acender, mas quando a eletricidade foi ligada vimos apenas um estreito fio colorido de rosa dentro da lâmpada. Muitas pessoas tinham ligado os interruptores ao mesmo tempo, e o gerador não tinha força suficiente. Logo, as lâmpadas de querosene voltaram a ser usadas por algum tempo, até que houvesse força suficiente disponível. *Papá* e tio Franky conseguiram instalar os fios, mas não gerar eletricidade.

Terminada a instalação da fiação elétrica, chegara a hora de nos mudarmos da casa de Gromi. *Papá* não queria mais abusar da generosidade dela. *Papá* e *Mamá* procuraram em várias partes da Áustria por uma casa que fosse adequada para uma família grande. Porém, não conseguiram encontrar nada. O irmão de *Mamá*, Franky, possuía a casa vizinha à propriedade de Gromi, que anteriormente fora um hotel. Ele a ofereceu aos meus pais até que eles pudessem encontrar algo para comprar.

da memória de A v. T

Era bem à margem do lago e grande o suficiente para nossa família, a cozinheira, duas empregadas, a governanta (para os dois filhos mais velhos, Rupert e eu) e a babá (para os três menores: Maria, Werner e Hedwig). A casa chamava-se "Hotel Kitzsteinhorn", em homenagem à montanha alta do outro lado do lago. A Kitzsteinhorn fora construída antes da guerra, próximo à beira d'água. Naquela época, um cais avançava lago adentro para acomodar a lancha a motor de Zell am See, a qual parava lá para conveniência dos  hóspedes do hotel. Durante a guerra, no entanto, o hotel ficou vazio, e o cais ficou em mau estado de conservação, após o que tio Franky comprou a propriedade.

Nessa época, meninas não saíam de casa antes de se casarem. Por essa razão, as duas irmãs solteiras de *Mamá* viviam com Gromi. Apesar do fato de Gromi ter duas filhas solteiras na casa, ela não queria que nós a deixássemos. Ela já sofrera perdas. O filho mais velho, John, um piloto de provas da Força Aérea Real da Inglaterra, morrera em um voo de teste de um dos primeiros aviões a serem usados para fins bélicos. O segundo filho, Franky, acabou indo trabalhar num escritório de turismo em Zell am See. O terceiro filho, Robert, morava na Hungria.

Erlhof fora construída para os filhos de Gromi. Sem eles, a residência não significava nada para ela. Agora, sua adorada filha Agathe estava partindo com o marido e os cinco filhos, três dos quais nascidos em Erlhof. Ela não conseguia sequer suportar o pensamento de se afastar deles, mas era preciso. A mudança foi feita de uma forma quase imperceptível para nós. Um dia, tínhamos uma casa nova a meio quilômetro de distância na estrada que levava a Erlhof, casa de Gromi.

Havia também um novo bebê a caminho, e quando chegou a hora certa *Mamá* voltou a Erlhof. Johanna nasceu exatamente no mesmo quarto que os três jovens Von Trapp. Lembro-me da primeira vez em que a vi. Ela estava deitada num berço de vime com um delicado dossel de cortinas estampado com flores pequenas. A enfermeira abriu as cortinas, e lá estava o novo bebê, com grandes olhos castanhos.

Hedwig, de 2 anos de idade, deu uma olhada para a irmã bebê e disse: *"Ich werd mit der Lute kommen!"* (Voltarei com a chibata!) — incapaz de pronunciar *Rute*, Hedwig chamou a chibata de *Lute*. Então Johanna começou a chorar. Hedwig deve ter escutado tanto essa frase de sua babá que passou a pensar que era o que se devia dizer às crianças pequenas! Porém, Johanna obviamente não gostou do som. Alguém tirou Hedwig do quarto.

Após algumas semanas em Erlhof com Gromi, *Mamá* retornou a Kitzsteinhorn. Durante a permanência de nossa família lá, em uma ocasião, Rupert desceu rápido demais os muitos degraus que conduziam ao lugar onde deveria ser o cais e cambaleando caiu dentro d'água. Talvez esse acidente tenha incentivado o conserto do cais.

Um dia, apareceram alguns homens indicados para o trabalho. Para construir o novo cais eles precisavam fincar estacas de madeira pesadas no fundo do lago. Em pé sobre um palanque, colocaram um bloco de ferro imenso com seis alças no topo do poste para que fosse usado como um martelo. Ao iniciarem o trabalho, começaram a cantar uma música, não para o poste, mas uns para os outros; não porque era um dia bonito e ensolarado e eles estavam com vontade de cantar, mas para coordenar seus golpes no poste. O ritmo da música dizia a cada homem quando levantar o bloco e quando deixá-lo cair. Ver os homens trabalhando era um espetáculo maravilhoso.

Enquanto os observávamos, também aprendíamos sua canção, e nunca a esquecemos. As palavras são do dialeto local de Pinzgau. A música era assim:

Auf und z'am Para cima e para baixo
Der Tag is lang O dia é longo
Der Schaegl is schwar O malho é pesado
Von Eis'n er war É feito de ferro

Da Lercha Kern	O poste de lariço
Er geht nit gern	Não quer se mover
Er muass hinein	Ele precisa descer
Durch Sand und Stein	Através de areia e pedra
Durch Stein und Sand	Através de pedra e areia
In's Unterland	Para dentro da terra abaixo
HOCH AUF!	LEVANTAR!

A melodia dessa canção não estava escrita. Se tivesse sido escrita, teria se tornado uma música de sucesso nos Estados Unidos! Porém, ficou para sempre impressa na memória dos homens que a cantaram provavelmente milhares de vezes, e em nossas recordações enquanto os observávamos martelar os postes enterrando-os "terra abaixo". O ritmo dessa música lhes dava a coordenação para fazer o que de outra maneira seria impossível. *HOCH AUF!*

A lancha a motor não estava mais em serviço, e não possuíamos um barco. Por isso, *Papá* arranjou um cavalo e uma carroça com alguns cobertores grossos para nos manter aquecidos enquanto viajávamos contornando o lago até a cidade para pequenas incumbências. O cavalo vivia embaixo da varanda de nossa casa, onde *Papá* construíra um estábulo. Para nós, era uma grande novidade ter um cavalo e uma carroça para nosso uso, embora nós, crianças, não o cavalgássemos com muita frequência. O nome do cavalo era Dagie, batizado em homenagem a um amigo de *Papá* da Marinha, cujo nome era Dagobert Müller. Era *Papá* quem cuidava do cavalo.

Para melhorar nossa dieta e nos divertir, *Papá* conseguiu nove galinhas e um galo. Ao ver o quanto adorávamos as galinhas e nos divertíamos procurando os ovos, ele trouxe três galinhas anãs só para nós – um galo e duas galinhas. As galinhas anãs colocavam ovos pequenos, e ficávamos encantados. Todos os dias íamos vê-las e alimentá-las. *Papá* as mantinha em uma construção de madeira pequena próxima ao nosso "hotel"; ele construiu pequenas caixas em que elas podiam colocar os ovos. Todas as manhãs ele os colhia. Uma manhã, no entanto, havia apenas duas galinhas e os ovos estavam quebrados. O que acontecera? Havia penas e pequenas poças de sangue no chão, até mesmo do lado de fora. Quem pegara as galinhas? Como alguém entrara no galinheiro, quem quer fosse?

Papá andou em torno da casa toda para encontrar algum rastro no chão e descobrir quem era o ladrão. Naquela tarde ele nos levou para passear pelo declive arborizado atrás da casa em busca de cogumelos. Quando descíamos o declive, ele viu uma de nossas galinhas parcialmente coberta por folhas. Em seguida, vimos outra e mais outra. Quem era esse ladrão misterioso que abandonara parte da presa? Talvez fosse um animal. Uma pessoa certamente teria levado todas.

Então, *Papá* fez uma grande armadilha de madeira. Cobriu a extremidade mais distante dela com uma grade de arame. A armadilha foi construída de forma que quando um animal entrasse e se aproximasse da extremidade dela a porta fecharia atrás dele. *Papá* instalou esse dispositivo na entrada do galinheiro.

Os próximos dois dias foram calmos. Nada aconteceu. Porém, no terceiro dia, o ladrão foi pego. Era um imenso gato-do-mato cinza. Eu nunca tinha visto um gato-do-mato antes; por esse motivo, fiquei fascinada.

Um dia, houve uma agitação em Zell am See capaz de rivalizar com o ladrão de nossas galinhas. Um filme cinematográfico chegara à cidade e ia ser exibido! Esse era um evento pouco comum em 1919. Os anúncios diziam que o filme era feito de imagens nas quais animais e pessoas podiam se mexer exatamente como na vida real. Impossível! Porém, os promotores afirmavam ser verdade.

Como eu desejava ver aquele filme! Porém, somente Rupert, na época com 8 anos de idade, tinha permissão para ir. Eu fiquei em casa, ouvindo me dizerem que era "muito jovem". Fiz perguntas a Rupert sobre o filme quando ele voltou para casa, e ele confirmou que as imagens de fato se mexiam. Não vi meu primeiro filme até muitos anos mais tarde, em Viena.

Em Kitzsteinhorn, nossa sala de aula era no sótão. Havia uma cortina no ponto em que o telhado se inclinava para esconder os baús e as malas de viagem ali guardados. Chamávamos essa área de "Polo Norte". Quando Stutz von Jedina nos visitava, jogávamos todo tipo de jogo violento, a maioria deles importados por Stutz! Jogos de guerra, índios vermelhos e polícia e ladrão – todos os jogos eram acompanhados de gestos violentos e palavras ameaçadoras, mas nunca batíamos ou machucávamos uns aos outros. Às vezes, nos escondíamos em casas, que formávamos com a mobília de nossa sala de aula; outras vezes, éramos prisioneiros amarrados por cordas imaginárias. Nossa imaginação corria solta, e quando ficávamos cansados fumávamos um cachimbo da paz de mentirinha.

Quando ouvíamos o som da sineta comunicando a hora do jantar, sabíamos que estava na hora de arrumar tudo. Nada mais de ataques surpresas imaginários vindos do lugar assombroso e escuro atrás das cortinas, onde os baús ficavam! Colocávamos os móveis em ordem, lavávamos as mãos e descíamos para a sala de jantar para esperar a refeição. Os dias que Stutz vinha nos ver eram o ponto alto de nossa vida em Kitzsteinhorn. Suas visitas eram uma diversão agradável em meio à rotina diária. Eu adorava Stutz.

Foi em 1919 que passamos a viver em Kitzseinhorn. Nossa querida Nenni tinha partido, e em seu lugar os "pequenos", inclusive a bebê Johanna, ficaram aos cuidados de uma nova babá. Nós, os mais velhos, a chamávamos de "O Dragão"[1]. Lógico, nos dirigíamos a ela como *Fräulein* (senhorita). Ela era severa, com cabelo preto ralo penteado para trás em um pequeno coque na nuca. O Dragão sempre vestia um uniforme de enfermeira branco e falava com uma voz grossa, usando os maneirismos de um sargento.

O Dragão amava a bebê Johanna e não gostava de Hedwig. Muitas vezes ela punia Hedwig tirando a boneca favorita dela, Liesl. A babá costumava colocar Maria, Hedwig e Werner, que entrava em confronto com ela algumas vezes, sentados em silêncio em um banco enquanto a bebê Johanna dormia. Depois, quando Johanna acordava, eles tinham que tirar uma soneca. Minha irmã Maria ainda fica perplexa com esse sistema, mas uma história que ela recentemente me contou pode lançar alguma luz sobre esse método extraordinário.

Certa vez, O Dragão provavelmente tinha ido verificar se Johanna estava dormindo no berço e deixou Maria, Werner e Hedwig por um momento no quarto de brincar ao lado. De repente, ela ouviu uma pancada forte e uma criança chorando. Correndo para o quarto, encontrou Hedwig chorando no chão e a cadeira alta virada. Werner, tentando provar sua força, derrubara a cadeira. A enfermeira levantou Hedwig, que estava apavorada, mas ilesa. Após uma repreensão severa, ela disse a Werner que ele teria de ir até *Mamá* para receber umas palmadas.

Enquanto isso, Maria, que tinha ouvido a punição ser anunciada, pegou rapidamente o travesseiro de sua boneca e o inseriu na parte de trás das calças de Werner para amaciar a pancada, ao mesmo tempo em que O Dragão tentava acalmar a criança em prantos. Werner, devidamente protegido das palmadas, foi escoltado até o quarto de *Mamá* pela babá, que o deixou lá. *Mamá*, que nunca nos bateu de forma alguma, perguntou o que houvera e, ao achar o travesseiro, ficou emocionada com a compaixão de Maria. Em seguida, falou carinhosamente com Werner e o manteve junto a ela por um tempo antes de enviá-lo de volta para O Dragão.

Por que *Mamá* contratara tal pessoa para cuidar de seus filhos? A única explicação em que posso pensar é que não havia mais ninguém disponível naquele momento em que uma babá era extremamente necessária.

Os mais velhos – Rupert e eu – não tiveram sorte muito melhor. Visto que não havia escola em nosso lado do lago, era necessário que fôssemos ensinados em casa. *Fräulein* Zimmermann, do norte da Alemanha, tornou-se nossa governanta. Rapidamente ficou evidente para mim que *Fräulein* não gostava de Rupert e que me adorava. Ela nunca deveria ter se tornado uma professora, pois simplesmente não entendia de crianças. Ela tinha uma chibata sempre pronta para Rupert, embora eu não visse nenhuma razão para aquele tipo de ameaça. Ela me designou – a irmã mais jovem dele – para tomar conta dele de forma que ele não fizesse nada que fosse proibido. Essa responsabilidade não ajudava nosso relacionamento. Tudo de que me lembro como resposta de Rupert para meus esforços de mantê-lo no "caminho certo" era "Não é da sua conta".

Além da chibata, *Fräulein* estava pronta para dirigir comentários sarcásticos a Rupert e fazer chacota dele sempre que podia. Que experiência terrível para uma criança! Nunca contamos aos nossos pais sobre o modo como ela tratava Rupert. Achávamos que *Fräulein* tinha razão porque ela era adulta e responsável por nós.

Fräulein tentou me ensinar matemática. Lembro-me, sobretudo, de divisão. Tinha apenas 6 anos, não entendia o que ela me explicava. Quando não conseguia dividir, ela me chamava de preguiçosa. Não tenho certeza se Rupert também não conseguia aprender com ela, mas acho que não.

Lembro-me de estar sentada em um ambiente estranho, em frente a uma senhora que não conhecia, e de ser questionada sobre coisas que não sabia responder. Acho que estava em uma sala de aula, fazendo uma prova no final do primeiro ano. Não é preciso dizer que fui reprovada. Dessa época em diante, não tive mais nenhuma aula com *Fräulein* Zimmermann. Ela partiu, alegando que *Tante* Joan, com 18 anos de idade e ainda vivendo com Gromi, precisava de um tutor. Isso foi uma bênção para nós. O melhor serviço de *Fräulein* Zimmermann para nós foi recomendar a próxima governanta, que felizmente foi uma excelente professora. Seu nome era *Fräulein* Freckmann, e era de Bremen, na Alemanha. Bem-educada, ela estava determinada a nos dar o melhor ensino possível.

Durante os dias turbulentos que se seguiram ao final da guerra, com a escassez de alimentos e a falta de itens para atender às necessidades diárias, uma pessoa equilibrada como *Fräulein* Freckmann era uma bênção. Por toda a Áustria todos foram afetados pelas consequências da guerra; a mudança da monarquia para um governo improvisado criou insegurança e confusão. Até mesmo viajar era extremamente difícil. Meus pais procuravam por uma casa definitiva para comprar, mas não conseguiam achar nada adequado para nossa família grande. Outra solução temporária, no entanto, já despontava no horizonte.

6

Anos de mudança

Moramos cerca de um ano e meio no Hotel Kitzsteinhorn. A vida continuava como sempre: com aulas, caminhadas e nossa rotina diária. Durante o verão de 1920 as geleiras derreteram e o nível da água do lago subiu tanto que a cozinha foi inundada até quase cobrir o fogão. Toda a comida armazenada na cozinha teve de ser levada para o andar de cima, e os ratos começaram a atacar tudo que era comestível. Gromi abriu novamente a sala de jantar de Erlhof para nós, e comíamos lá, pois ficava a uma pequena distância de nossa casa. Tínhamos de passar por um prado onde um boi pastava; por isso, *Fräulein* se certificava de que não vestíssemos roupas vermelhas berrantes no caminho para a casa de Gromi.

Deve ter sido um tempo difícil para *Papá* e para *Mamá*. Johanna era bebê, e a família de seis crianças precisava de um lugar para viver, uma vez que o primeiro andar inteiro de Kitzsteinhorn estava inundado. O irmão mais novo de *Mamá*, Bobby Whitehead, ofereceu uma residência que ele tinha em Klosterneuburg, perto do Danúbio, a aproximadamente meia hora de trem de Viena.

A propriedade de tio Bobby, chamada de Martinschlössl (pequeno castelo de Martin), era uma antiga residência de veraneio de Maria Teresa (1717-1780), imperatriz da Áustria. O lugar estava em excelentes condições; tinha uma casa de zelador, uma estufa, um pomar e um jardim. No meio do pátio, entre a casa principal e o anexo, havia um canteiro redondo com rosas.

Era um lugar perfeito para nossa família grande porque a escassez de comida continuava, e poderíamos cultivar nossas próprias frutas e verduras, criar galinhas e manter uma vaca e também um porco para comer os resíduos de comida. O ordenança de *Papá*, Franz Stiegler, e sua mulher, Marie, eram da linhagem camponesa, e estavam dispostos a tomar conta do curral junto ao celeiro. Eles tinham sido zeladores de nossa casa em Pola durante a guerra, então nós os conhecíamos bem. A casa de tio Bobby seria nossa casa até que *Papá* e *Mamá* encontrassem uma adequada para nós. Eles nem imaginavam que *Mamá* não viveria para ver sua família em uma casa própria.

O Martinschlössl não estava mobiliado, por isso nossos pais decidiram recuperar a mobília que tinham deixado em Pola. No entanto, fazê-lo não foi uma tarefa fácil. *Papá* não podia colocar o pé em Pola, que tinha sido incorporada ao território italiano. Por ter sido comandante de um submarino austríaco, seu nome constava de uma lista negra, e ele teria sido preso se aparecesse na Itália. Então, ficou decidido que *Mamá* faria a viagem para Pola e pegaria a mobília.

Lembro-me daquele dia em novembro quando *Mamá* colocou as luvas negras e arrumou o chapéu com véu de rede negro lhe cobrindo o rosto. Deu-nos um beijo de despedida e mandou que nos comportássemos enquanto ela estivesse fora. *Mamá* levou sua empregada pessoal, Peppina, com ela. Em Pola, os Stiegler ajudaram na árdua tarefa de encaixotar a mobília e os pertences para serem enviados como carga para Klosterneuburg. O processo todo levou seis semanas. *Papá* viajou de nossa casa temporária, a Kitzsteinhorn, para Klosterneuburg, para ajudar *Mamá* quando a mobília chegasse. Nós, as crianças, fomos convidadas a ficar na casa do primo de *Mamá* para as festas de Natal. Sob a proteção e orientação hábil de *Fräulein* Freckmann, nossa governanta, de uma babá e de uma empregada, todas as seis crianças embarcaram no trem em direção à estação de St. Pölten.

Minha única recordação dessa viagem é um incidente na fronteira relacionado ao mercado negro. Viajávamos na segunda classe, o que significava que tínhamos um compartimento só para nosso uso, que consistia em dois bancos longos, um de frente para o outro, em que quatro adultos poderiam facilmente se sentar em fila. Os assentos eram estofados em azul e verde. Acima deles havia prateleiras feitas de barras de ferro e rede para as malas. Precisamos de dois compartimentos para nos acomodar com conforto. A babá e Johanna ficaram no segundo compartimento.

Em uma das estações ao longo do caminho uma senhora, vestida de negro e com chapéu e véu, embarcou no trem. Ela perguntou se poderia se sentar conosco em nosso compartimento. *Fräulein* deve ter dado permissão a ela para fazê-lo. A mulher então nos contou uma história sobre sua avó moribunda.

Na fronteira, os guardas entraram para verificar a bagagem, com o objetivo de arrecadar impostos. Eles viram a senhora e perguntaram se ela pertencia ao nosso grupo. Ela contou aos guardas a mesma história sobre a avó. Desconfiado, um oficial solicitou-lhe que se levantasse. Ela começou a chorar. Então, os guardas examinaram sua bagagem e disseram-lhe que os acompanhasse. Mais tarde alguém contou que ela estava contrabandeando manteiga, amarrada em pequenos pacotes em torno da cintura, como se fosse um cinto. Os guardas encontraram o contrabando quando a revistaram. Não é preciso dizer que ela não voltou para se sentar conosco.

Ao chegarmos à estação em St. Pölten fomos recebidos por um cocheiro que dirigia uma carruagem aberta, puxada por dois cavalos. Havia dois bancos longos de cada lado. A viagem em uma estrada de terra cheia de pedras pareceu durar uma eternidade para mim. Estava cansada pela longa viagem de trem, mas o trajeto percorrido na carruagem sacolejando, o ar fresco e a nova paisagem me revigoraram à medida que a viagem prosseguia.

Nosso destino foi o castelo Goldegg, onde o primo de *Mamá*, Adolph Auersperg, morava com a mulher, Gabrielle, e os sete filhos, que eram quase da mesma idade que nós. O mais velho, Karl Adolph, era apenas um ano mais novo que Rupert. Imediatamente nos sentimos em casa no lindo castelo. *Tante* Gabrielle nos recepcionou de braços abertos, com beijos e sorrisos. Ela nos mostrou pessoalmente os quartos que arrumara para nós; em seguida, mostrou-nos o caminho pela grande e ampla escada, sobre o piso de mármore quadriculado em preto e branco do corredor até a sala de jantar onde jantaríamos com a família.

Tudo era novo e diferente. Havia muito espaço, muito mais do que onde tínhamos morado anteriormente. Os corredores eram muitos e longos, e o teto, alto. Porém, como as crianças fazem, nós nos acostumamos com o ambiente em poucos dias.

Lembro-me claramente daquele Natal de 1920. Para minha surpresa, as crianças foram autorizadas a ajudar na decoração da árvore de Natal. Fizemos diferentes correntes de tiras de papel colorido; embrulhamos balas em papel de seda e fizemos franjas em suas extremidades usando uma tesoura. Isso foi uma grande novidade para nós, porque na casa de Gromi tínhamos que esperar até que o sino tocasse na véspera de Natal antes de termos permissão para entrar no salão decorado.

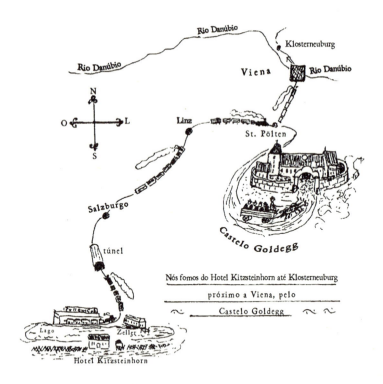

No castelo Goldegg cantamos "Noite feliz" como fizéramos em Erlhof. Havia presentes para nós, mas o clima não foi tão deslumbrante quanto na casa de Gromi. Talvez por já estarmos um pouco mais crescidos. Além disso, na realidade, nossa participação nas preparações eliminara o elemento surpresa.

Enquanto passávamos o Natal de 1920 em um lindo castelo com nossos parentes, *Papá* e *Mamá* aprontavam o Martinschlössl para a nossa chegada. Logo após o Natal, na sexta-feira, 13 de janeiro de 1921, dissemos adeus aos nossos parentes adoráveis e generosos e ao castelo Goldegg. Novamente a carruagem com dois cavalos e o condutor nos levou até o trem que iria para Klosterneuburg. Após uma caminhada de 20 minutos morro acima, a partir da estação, chegamos a Martinschlössl, na Martinstrassl, e nos reunimos felizes com nossos pais em nossa casa nova.

A casa era elegante, e a mobília que chegara de Pola era tão linda quanto as que tínhamos visto na casa de Gromi e no salão em Erlholf. Vivêramos por tanto tempo em lugares nos quais nada nos pertencia que foi necessário algum tempo para acreditarmos que aquelas coisas eram de fato nossas. Logo nos acostumamos a ir e vir pela porta da frente verde com brilhantes maçanetas e aldrava de latão.

Rupert, Maria e eu fomos destinadas ao andar superior. Nele, também havia dois quartos para as empregadas e um para a cozinheira. Uma pequena escada em espiral ligava ao andar de baixo, que podia ser isolado por uma porta. No segundo andar havia a sala de jantar, a sala de estar, o quarto de nossos pais e, ah!, que luxo, um banheiro com banheira! Do outro lado da sala de jantar havia o quarto das crianças e o quarto de brincar. Uma escada grande conduzia ao nível da rua. A biblioteca de *Papá* era lá, e também a sala de jantar dos empregados domésticos, a despensa e a cozinha, com uma saída para o espaçoso pátio.

Logo depois que nos estabelecemos, tivemos uma surpresa. No meio da noite *Fräulein* Freckmann foi enviada a Viena para buscar uma parteira para *Mamá*. Não tínhamos telefone, então *Fräulein* Freckmann precisou andar até a estação ferroviária, pegar o trem local, se encontrar com a parteira e repetir o processo todo em sentido contrário. Ela se ausentou por, pelo menos, quatro horas. Sabíamos apenas que ela estava indo para Viena e voltaria pela manhã. Naquela época, nós crianças não éramos informadas de que um bebê estava a caminho. As roupas de *Mamá*, que eram largas, disfarçavam muito.

Na manhã seguinte, 17 de fevereiro de 1921, fomos apresentados à nossa mais nova irmãzinha. Ela tinha olhos escuros grandes e uma cabeça muito redonda, como todos os bebês. Ficamos encantados! Como deveríamos chamá-la? *Mamá* e *Papá* não tinham mais ideias. *Mamá* nos provocava: "Talvez pudéssemos chamá-la *Dillenkräutl*" (pequeno tempero). Não! Por dias pensamos muito em um bom nome para nossa nova irmãzinha. Finalmente, alguém sugeriu o nome Martina. Lógico! Era esse! Martina era perfeito por causa de Martinschlössl, a Martinstrasse, onde a casa ficava, e da Martinskirche (a igreja de São Martinho) nas proximidades. Todos concordamos que o novo bebê deveria se chamar Martina.

Agora a família de *Papá* e *Mamá* estava completa – Rupert, Agathe, Maria, Werner, Hedwig, Johanna e Martina. A vida reassumia sua rotina familiar, dessa vez em nosso novo lar. Nós, as crianças mais velhas, ainda éramos tutoradas por *Fräulein* Freckmann. Ela organizava nossos dias de forma que soubéssemos exatamente o que fazer e quando: aulas pela manhã; almoço; hora de brincar; uma caminhada no meio da tarde e *jause* às 16 horas. *Jause* era uma versão austríaca de chá da tarde; gostávamos de leite e pão com manteiga e geleia. Após esse intervalo, *Fräulein* nos colocava para fazer os deveres de casa. O jantar era servido às 19h30, e então íamos dormir.

Fräulein nos dava instruções individuais de acordo com o ano escolar em que estivéssemos. Ela recebia com agrado nossas perguntas e nos dava respostas satisfatórias. Estudávamos o currículo normal da escola elementar, acrescentado de artes, artesanato e aulas de canto. Cantávamos usando um livro lindamente ilustrado, um presente de Gromi, chamado *Sang und Klang Fuer's Kinderherz* (Canções e sons para o coração da criança).

Além das músicas que aprendíamos com *Fräulein* Freckmann, havia um gramofone no quarto de brincar. Tínhamos todo tipo de discos, inclusive algumas maravilhosas músicas de concerto. Ouvíamos o famoso tenor Caruso cantando suas árias de *I Pagliacci* e *Figaro*. Batíamos palmas e marchávamos no ritmo de duas marchas austríacas bem conhecidas. Ainda me lembro da *Valsa do Danúbio Azul*, de Johann Strauss, e de *Pequena Serenata Noturna*, de Mozart. Rupert e eu ouvíamos esses discos por horas nos dias chuvosos. A *Rapsódia Húngara*, de Liszt, e o *Concerto para Violino em Ré Maior*, de Beethoven, eram duas de minhas obras musicais favoritas.

Um dia, *Fräulein* Freckmann nos levou, eu e Rupert, para passear em Viena e ver um dos primeiros filmes da história, *The Miracle of the Snow Shoe*. Falava sobre esquiar, e essa foi a primeira vez que eu vi um filme. Adorei as lindas imagens das cenas de inverno. É irônico esse filme ter sido exibido no Urânia, uma construção onde nos apresentaríamos muitos anos mais tarde.

Para mim, a contribuição mais importante de *Fräulein* Freckmann para nossa educação foi o ensinamento religioso. Ela nos ensinou o Novo e o Antigo Testamentos usando uma versão para crianças. A maior parte da Áustria era católica, por isso ela usou um catecismo para explicar os Dez Mandamentos e as regras da Igreja Católica e sua aplicação na vida diária. O mais importante era assistir à sagrada missa aos domingos. Deixar de fazê-lo era um "pecado mortal". Aprendemos que se alguém, até mesmo nossos pais, quisesse que cometêssemos um pecado, deveríamos nos recusar e não obedecer. A partir desses ensinamentos, estávamos determinados a nunca deixar de ir à missa aos domingos.

Essa obrigação nos criou um dilema. *Papá* era protestante, uma vez que os Von Trapp alemães eram luteranos. Não sabíamos disso. O que poderíamos fazer, quando em uma manhã de domingo *Papá* queria nos levar para um piquenique nos bosques ao longo das margens do Danúbio? Minha irmã Maria disse para *Papá* que tínhamos que ir à missa. Fomos para a igreja com *Fräulein* Freckmann; voltamos para casa; guardamos os casacos e livros de oração e fomos para o quarto de brincar. De repente, *Papá* entrou. Estava muito decepcionado e parecia ofendido com algo que fizéramos. *Papá* foi sempre calmo e carinhoso; nunca o vimos de outra forma. Ele sentiu que seu direito paterno fora violado pelos próprios filhos e por *Fräulein* Freckmann, e nos informou isso com muita franqueza. Ficamos aturdidos!

Aproximadamente meia hora depois *Papá* voltou como uma brisa de verão. Desculpou-se e disse que não tinha compreendido a situação. Ele disse: "Agora, vamos ao piquenique." Fizemos um passeio maravilhoso com maçãs cozidas espetadas em uma vareta e batatas assadas em brasas quentes.

Essa foi a única vez em que um conflito entre os ensinamentos religiosos e a autoridade paterna afetou nossa família. *Papá* nunca, jamais, interferiu em nossas obrigações religiosas após aquele incidente. Mais tarde foi-lhe sugerido que se convertesse à Igreja Católica, pelo bem das crianças. Ele teve algumas conversas sérias com um padre capuchinho e decidiu dar esse passo. Desse momento em diante ele foi conosco à missa, e tudo ficou bem.

Nas tardes de sábado, sem nossos pais saberem, *Fräulein* Freckmann participava de um estudo da Bíblia e de aulas sobre a liturgia cristã antiga em outra parte da cidade. Em sua ausência, tínhamos que nos distrair em silêncio. Uma noite de inverno descobrimos uma nova diversão. Havia um forno de carvão candente feito de ferro em nosso quarto de brincar, e quando os carvões ficavam quentes, eles tinham que ser agitados com um atiçador de ferro antes que os novos carvões fossem colocados por cima. Werner teve a grande ideia de deixar o atiçador nos carvões vermelhos quentes até que ele também ficasse vermelho. Em seguida, ele e eu nos alternamos queimando desenhos no chão em frente ao forno.

Nossos desenhos ficaram lindos e também criaram um aroma maravilhoso de madeira queimada. Não nos ocorreu que nossa atividade pudesse ser perigosa. O forno ficava distante de tudo que podia queimar, mas estragamos o piso! Foram momentos tão felizes que a ira de *Fräulein* Freckmann nos pegou totalmente de surpresa. Ao ver os desenhos, ela ficou furiosa demais para fazer qualquer coisa, exceto nos mandar para a cama. Depois, foi direto para seu quarto. Reunimo-nos na manhã seguinte e escrevemos cartas de desculpas. Elas pareceram pacificá-la, e uma vez que a casa não tinha pegado fogo, e nossos pais nunca souberam do ocorrido, tudo voltou ao normal com *Fräulein* Freckmann.

Martinschlössl era uma propriedade com um conjunto lindamente projetado de construções e pomares que se estendiam até os trilhos do trem. Era exatamente do tamanho certo para nossa família, que consistia em *Papá*, *Mamá*, sete crianças, a cozinheira, três empregadas, uma governanta, uma babá e a família Stiegler, Franz e Marie, com três de seus filhos. Havia quartos suficientes para todos, e podíamos vagar pelo terreno onde quer que quiséssemos, com uma restrição. Ao chegarmos a Martinschlössl, nos disseram que não deveríamos pegar frutas no pomar, uma vez que todas pertenciam ao nosso tio. Visto que tio Bobby vinha nos visitar de tempos em tempos e nunca nos falara sobre essas frutas "proibidas", acho que a restrição fora provavelmente inventada para evitar que comêssemos frutas verdes.

Uma residência naqueles dias não tinha as conveniências que temos hoje; por essa razão, muitas mãos eram necessárias para fazer o trabalho. No anexo desse novo lar tínhamos três vacas, galinhas e um ou dois porcos. Havia também uma horta. *Papá* tinha muito que fazer para supervisionar o celeiro e, por isso, conversava com Franz diariamente.

Mamá comandava a vida doméstica de uma forma tranquila e eficiente. Nunca a vi zangada, irritada ou impaciente. As empregadas e a cozinheira que vieram conosco de Zell am See a adoravam, assim como toda a criadagem. Em Martinschlössl, uma babá nova, Elfride, foi encarregada dos pequenos. Ela passou por dificuldades com a animação dos três Von Trapp mais jovens, todos com menos de 5 anos de idade, mas conseguiu ensiná-los muitas canções para mantê-los felizes. Para gastar parte do excesso de energia deles, Elfride os levava para fazer longas caminhadas.

Um dia, *Mamá* reuniu todos nós e disse: "Convidei *Tante* Connie e Connie Baby para virem morar conosco. Na Irlanda, há uma guerra terrível, e elas não estão seguras lá. Vocês devem acolher Connie Baby como uma de suas irmãs, porque ela perdeu o pai e não tem irmãos e irmãs." Prometemos fazer exatamente aquilo. Certamente nós, as crianças mais velhas, já as conhecíamos de nosso tempo juntas em Erlhof durante a Primeira Guerra Mundial, tendo *Tante* Connie e Connie Baby retornado depois para a Irlanda.

A guerra civil na Irlanda resolveu nosso problema de falta de babá. Era natural colocar *Tante* Connie cuidando dos menores. Ela adorava crianças, tinha um bom coração, era bem-humorada e sabia como manter a disciplina. *Mamá* estava feliz de ter um parente inteligente na casa para conversar sobre os filhos e a administração interna da vida doméstica. A filosofia de vida de *Tante* Connie era "viver e deixar viver". Ela conhecia a tristeza, pois perdera o marido, nosso tio Werner, na guerra.

O Natal de 1921 caiu em um domingo. Durante a missa, me senti mal e contei para *Fräulein* Freckmann. Ela me levou para casa. Lembro-me de me deitar em um pequeno sofá em frente à lareira no quarto de meus pais. O médico disse que era faringite séptica e recomendou que eu ficasse na cama até que minha febre passasse. Nos dias seguintes, Rupert, Werner, Maria, Hedwig e Martina ficaram doentes. O quarto das crianças se transformou em uma enfermaria, e o médico diagnosticou escarlatina – a doença se espalhara por toda Klosterneuburg. *Mamá* e *Tante* Connie cuidaram dos doentes no berçário, e *Frau* Stiegler preparou dois quartos no anexo para aqueles que tinham se recuperado ou que não estavam doentes. Johanna, Connie Baby e eu fomos para lá sob os cuidados de *Fräulein* Freckmann.

Mamá cuidou da bebê Martina, muito adoecida pela escarlatina. Em janeiro, *Mamá* adoeceu. Não tínhamos permissão de visitá-la no quarto porque o caso dela era muito grave. Um caso de escarlatina em adulto era frequentemente muito sério, e tinha efeitos colaterais. *Mamá* foi levada para o Sanatorium Loew em Viena e ficou lá, indo e vindo com alguns intervalos, por oito meses, antes de voltar para nós definitivamente. Era agosto, e tínhamos todos nos recuperado muitas semanas antes. Fiquei muito feliz por ela estar em casa de novo.

Protegida por um cobertor de pelo de camelo, ela estava muito fraca e sentada em uma cadeira de rodas. "Agora estou de volta à casa para sempre", disse feliz, "mas não sei mais andar. Terei que aprender novamente." "Eu a ensinarei a andar novamente", respondi. Ela parecia feliz, embora soubesse que eu não poderia cumprir minha promessa por causa da minha pouca idade.

Uma semana se passou. Às 6 horas da manhã de domingo, 3 de setembro de 1922,[1] acordei com o som do pequeno sino tocando na torre de Martinskirche.

Era para Mamá, pensei, sabendo que o sino tocava somente para anunciar a morte de alguém. Adormeci novamente até *Tante* Connie entrar para nos dizer que era hora de levantar.

Rupert, Maria, Werner, Hedwig e eu fomos levados para o andar de baixo e nos disseram que íamos para Viena visitar Gromi. Johanna e Martina ficaram com *Tante* Connie. Ao entrarmos no carro de tio Bobby, perguntei se eu podia me despedir de *Mamá*, esquecendo-me completamente do sino que ouvira antes.

Tante Connie respondeu: "Não, *Mamá* está muito cansada e ainda está dormindo."

Tio Bobby nos deixou no palácio Breuner, em Viena, onde Gromi tinha um apartamento. Ficamos lá vários dias, e *Papá* nos visitava sempre. Perguntávamos sobre *Mamá*: "Ela está melhor? Quando podemos vê-la?"

Como deve ter sido difícil para *Papá* ouvir nossas perguntas sem nos dizer que *Mamá* tinha morrido! Após alguns dias, tio Bobby nos colocou novamente em seu carro e nos levou para a Hungria, onde possuía uma casa no meio de um pomar de ameixas. A viagem com tio Bobby foi a primeira vez em que andei de carro. Naquela época, as estradas eram lamacentas e cheias de buracos. O carro era de um modelo antigo, um veículo aberto. Tio Bobby, sabendo que não havia lugares para parar e comer, abasteceu o carro e o encheu com comida e outras coisas de que poderíamos precisar; dirigiu pelas estradas lamacentas da Áustria e da Hungria a uma velocidade indescritível. Ele deve ter decidido dirigir sem parar até sua casa na Hungria! A lama se espalhava para todos os lados quando as rodas entravam nos buracos da estrada. Todos os pedestres que andavam ao lado da estrada tomavam um banho de lama, a menos que fossem rápidos o suficiente para pular para dentro do campo. Para mim, foi uma experiência de arrepiar. Finalmente, após o que pareceram horas intermináveis, chegamos à casa de tio Bobby. Ele, um solteirão, encontrava-se em uma situação difícil; fora encarregado da tarefa de levar para casa seus sobrinhos e sobrinhas órfãos, que não sabiam sobre a morte da mãe deles.

Após alguns dias, *Papá* se juntou a nós. Ele reuniu os filhos e se sentou em um pequeno sofá na sala de estar. Nós todos nos sentamos no chão em frente a ele, que nos contou que *Mamá* tinha ido para o céu. Ele não chorou, nem nos contou uma história longa, simplesmente disse que ela não estaria em Klosterneuburg quando retornássemos. Alguns de nós começaram a chorar, e *Tante* Connie tentou nos confortar. "Agora, você será nossa mãe", disse para ela. Eu não queria de fato dizer que ela substituiria *Mamá*, mas, com a minha mente de 9 anos de idade, sentia que era necessário ter uma mãe.

Pode parecer incomum que os filhos de *Mamá* fossem afastados no momento de sua morte. Não nos foi permitido ficar com nossa mãe durante suas últimas horas; nem pudemos acompanhá-la até o seu último lugar de descanso na Terra. Muito mais tarde *Papá* nos disse que ele queria que nós lembrássemos de *Mamá* da forma como a conhecêramos – sorrindo, feliz e saudável. Talvez ele tenha se lembrado de sua própria tristeza quando ele e tio Werner fecharam o caixão de sua amada mãe, e desejou evitar que seus filhos passassem por esse sofrimento.

Em Klosterneuburg minha cama foi posicionada junto à janela. Ao me deitar na cama, podia ver o céu escuro. Uma noite, enquanto olhava para fora, descobri uma estrela muito brilhante. Agora que *Mamá* não estava mais conosco, imaginava que ela estava vivendo naquela estrela, de forma que pudesse olhar para baixo e nos proteger.

7

Nossa nova casa próxima a Salzburgo

Após o enterro de *Mamá*, voltamos da Hungria para nossa casa vazia. Sim, a mobília estava lá e tudo em ordem, como sempre; a criadagem também, e *Fräulein* Freckmann voltara de suas férias. Os Stiegler estavam lá. O jardineiro, Gustl, e seu ajudante, Oskar, tomavam conta da horta e do pomar, como sempre. *Tante* Connie voltou conosco da Hungria para supervisionar as tarefas domésticas para *Papá*. Porém, ainda assim, era uma casa vazia; sua alma se fora – faltava a doce presença de *Mamá*, que impregnava o lar, e a poeira tinha se instalado na mobília. Eu ficava pensando nisso. *Mamá* uma vez me mostrara como limpar o pó: "Retire, um a um, cada item que está sob a mobília – livros, bugigangas, uma pequena estatueta, uma fotografia em um porta-retratos –; limpe a poeira; limpe por baixo dos objetos; coloque tudo de volta no lugar da mesma forma que estava quando você os retirou." Ela própria devia limpar a sala de estar e a sala de jantar enquanto estávamos tendo aulas no andar de cima. Ninguém mais cuidou disso. Era perceptível. A poeira se depositou em todos os lugares.

Papá procurou trabalho fora de casa. Acredito que ele não conseguia suportar o vazio que a morte de *Mamá* tinha deixado. Ele tinha de fazer algo para ocupar a mente. Tentou encontrar um trabalho no único estabelecimento da Marinha ainda existente na Áustria: a Companhia de Vapores do Danúbio (*Donaudampfshiffartsgeselschaft*). Porém, logo desistiu, quando descobriu que "havia muita corrupção nessa companhia", como me lembro de ouvi-lo dizer.

Tio Bobby o convidou a voltar para a Hungria para caçar javalis e faisões. Lá, ele encontrou seus amigos Karl Auersperg e Franky Whitehead, o segundo irmão de *Mamá*. Ele também visitou *Tante* Nesti, a irmã de Gromi, e se aconselhou com ela.

Todas as vezes em que voltava da Hungria para casa, nós o saudávamos com muito entusiasmo. Descíamos correndo a grande escada em espiral e pulávamos em seus braços. Ele não tinha braços suficientes para todos os sete filhos, mas beijava a todos, um por um.

Após a morte de *Mamá*, *Papá* desejou nos apresentar ao mundo exterior. Uma tarde, *Papá* e *Tante* Connie levaram as quatro crianças mais velhas – Rupert, Maria, Werner e eu – para Viena para ver a ópera *João e Maria*. Em determinado momento da apresentação a madrasta colocou uma frigideira de ovos sobre o fogão e deu uns passos para o lado para cantar uma ária. Para Werner, com 6 anos, que olhava para o forno com imensa atenção, a ária pareceu longa demais. Em pé, ao lado de seu assento em nosso camarote, ele gritou para o palco: "Os ovos mexidos estão queimando!" *Papá* ficou constrangido, mas *Tante* Connie apenas sorriu e lhe disse para ficar quieto, explicando-lhe que os ovos não eram de verdade. Acho que ela sentiu um prazer secreto com o que ele havia feito, porque tinha um ótimo senso de humor.

Papá também nos levou a um circo em Viena, onde os elefantes faziam truques e leões e tigres apareciam no picadeiro. Não gostei do circo, pois me senti triste pelos animais, que estavam em cativeiro e ficavam presos. Em outra ocasião, ele nos levou ao parque de diversões mundialmente famoso de Viena, o Prater, onde andamos na roda-gigante.[1] O passeio na roda-gigante demorou ao todo uma hora. Do ponto mais alto pude ver toda a cidade até o campo ao longo do Danúbio.

Uma grande mudança ocorreu quando *Papá* se rendeu à necessidade de enviar todos os filhos com idade escolar para as escolas locais. Rupert e eu tínhamos que fazer os testes usuais para sermos admitidos na escola secundária. Era uma instituição para meninos e meninas, da idade de 12 a 18 anos. As aulas dos meninos eram no andar de cima e as das meninas, no de baixo. Ambos passamos nos testes, mas fui informada de que precisaria passar mais um ano na escola elementar antes que pudesse ir para a escola secundária, porque era jovem demais. Outro ano de escola elementar com *Fräulein* Freckmann! Fiquei decepcionada, mas não havia nada que eu pudesse fazer. O ano passou, e fui aprovada no teste pela segunda vez. Daí em diante, Rupert e eu íamos para a escola juntos. Hedwig frequentava uma escola elementar próxima.

Werner e Maria foram enviados para Stiftschule, uma escola católica de ensino fundamental. Werner nunca brincara com meninos da sua idade antes; em casa, tinha apenas um irmão mais velho e todas aquelas irmãs. Ele não sabia como fazer amizade com outros meninos pequenos; então, inventou um amigo, Severin. Falava com ele e sobre ele, mas nunca vimos Severin. Acredito que *Papá* teria convidado um dos meninos da escola para brincar com Werner se soubesse do desejo dele de ter um amigo. Só mais tarde é que percebemos que esse amigo era imaginário.

Fräulein Freckmann nos preparou bem para as várias disciplinas acadêmicas. Ela não podia nos preparar, no entanto, para a transição de uma aprendizagem individualizada para uma sala de aula com 35 alunos e com professores que supunham que Rupert e eu tínhamos cursado a educação básica normal. Nossa adaptação foi muito difícil.

Quando eu tinha 12 anos de idade, *Fräulein* Freckmann nos preparou, eu e Rupert, para a primeira comunhão. Era a última coisa que ela faria por nós antes de voltar para sua casa na Alemanha; seus serviços como governanta não seriam mais necessários quando estivéssemos na escola. Uma missa especial na cripta da igreja foi preparada para a ocasião. Um padre agostiniano rezou a missa, e toda a família estava presente. Foi uma celebração linda, durante a qual me entreguei ao amor de Jesus.

Tante Connie tomou conta dos três pequenos – Hedwig, Johanna e Martina – logo após a morte de *Mamá*. Depois, ela foi para Viena, ficar com Gromi, que fora muito boa para ela durante a Primeira Guerra. Estando já com idade avançada, Gromi precisava de uma companhia e de alguém para cuidar de seu apartamento. Connie Baby acompanhou a mãe. *Papá* então contratou uma governanta, chamada *Frau* Von Klimbacher, e uma babá para os pequenos.

Um dia, *Papá* chamou Rupert e eu na sala de jantar para uma conversa. Ele nos disse que conhecia algumas ilhas lindas da época em que velejara pelo mundo no *Saida II*. Cocos e bananas cresciam em abundância nessas ilhas do Pacífico, e era sempre verão por lá. Pintando um quadro adorável desses lugares maravilhosos, ele disse que compraria um barco suficientemente grande para abrigar toda a família e nos levaria lá se quiséssemos. Rupert e eu olhamos um para o outro, e então Rupert disse: "Não, não queremos ir." Eu concordei, e a questão foi encerrada. *Papá* não insistiu. Mais tarde perguntei a Rupert por que ele dissera a *Papá* que não desejávamos ir lá, e ele respondeu: "Porque não há igrejas católicas lá, e temos que ir à igreja aos domingos."

Logo *Papá* surgiu com outro plano: "Vocês gostariam de mudar para Salzburgo? Dois de meus oficiais da Marinha estão vivendo lá com suas famílias: Hugo Seiffertitz e tio Erwin Wallner." (Como você se lembrará, Erwin tinha se casado com *Tante* Lorlein Auersperg.) O plano foi recebido com entusiasmo, não tanto porque os amigos de *Papá* viviam lá, mas porque nos lembrávamos de termos visitado essa cidade com *Mamá*; ela tinha nos levado de Erlhof para o dentista em Salzburgo. Naquela ocasião, nos hospedamos no hotel Oesterreichischer Hof. Ficamos em um quarto com varanda da qual podíamos ver a pequena praça em frente ao hotel e o que acontecia na rua embaixo. Um táxi vermelho ficava bem no meio da praça. Rupert ficou grudado na grade da varanda relatando cada movimento que o táxi fazia.

Agora, três anos depois da morte de *Mamá*, *Papá* pretendia se mudar para esse lugar maravilhoso chamado Salzburgo. Ficamos encantados e prontos para mudarmos imediatamente. Porém, tínhamos que esperar até que uma casa fosse encontrada e o dinheiro estivesse disponível para comprá-la. Recentemente descobri que *Tante* Nesti comprou algumas das propriedades de *Mamá* em Fiume para que *Papá* pudesse comprar a casa em Salzburgo. Como *Papá* encontrou um imóvel grande o suficiente para acomodar a família, os empregados e os Stiegler, eu não sei, mas ele o encontrou e o reformou para que atendesse às nossas necessidades. Ficava em Aigen, uma linda área residencial no campo, nos arredores de Salzburgo.

A localização de nossa nova casa não foi acidental. Acredito que o Senhor nos ajudou a encontrá-la. Quando tivemos de deixar a Áustria, em 1938, após a invasão do país, tudo o que precisamos fazer para partir foi sair por um pequeno portão no final do jardim, atravessar os trilhos da estrada de ferro e entrar na estação para embarcar no trem que nos levaria para o sul, atravessando a fronteira com a Itália.

Dessa vez, quando nos mudamos era verão, e novamente *Papá* providenciou para que nós, crianças, passássemos o tempo da mudança em Goldegg com nossos amigos e parentes, os Auersperg. Lá, desfrutamos momentos maravilhosos jogando croqué e outros jogos. Quando deixamos Goldegg, entramos em uma casa linda e mobiliada que, dessa vez, era nossa. Nós a amamos!

A casa estava cercada por um jardim muito grande, com árvores altas, muitos arbustos e pequenos prados. Quando não tínhamos dever de casa para fazer, brincávamos no jardim, às vezes longe de casa. Não conseguiríamos ouvir ninguém nos chamando. O assobio do contramestre do barco foi a solução.

No filme *A noviça rebelde* o Capitão chama os filhos com um assobio de contramestre de barco. Quando nos mudamos para Aigen, *Papá* começou a usar um assobio para nos chamar, e havia uma razão muito boa para fazê-lo. A casa era grande e nossos quartos eram no segundo andar. O escritório de *Papá* era embaixo. Vivíamos com as portas fechadas, e *Papá* nunca ia aos nossos quartos. O som do assovio penetrava as portas de madeira, quando sua voz não nos teria alcançado. Cada um de nós tinha um determinado sinal, e *Papá* tinha um sinal especial para chamar todos juntos. Adorávamos nossos sinais. Talvez alguns de nós tenhamos até imaginado que éramos tripulantes de um navio comandado por ele. No entanto, ele nunca usou o assobio para chamar os empregados ou para nos colocar em posição de sentido, como foi mostrado no filme.

<u>Leiterwagen</u>

Às margens da floresta, em um prado, *Papá* mandou construir uma pequena casa de brinquedo, feita de toras, especialmente para nós. Tinha uma porta e um banco do lado de fora. Novamente, como em Martinschlössl, havia pequenas construções na propriedade: uma lavanderia onde duas mulheres contratadas lavavam toda a nossa roupa; um estábulo e um pequeno depósito para as ferramentas do jardim. Novamente, Franz Stiegler ficou responsável pelo terreno em frente ao celeiro, e *Papá* comprou duas vacas leiteiras. Logo atrás de nosso terreno ficava a estação ferroviária, Aigen bei Salzburg. Embora fosse uma estação pequena, os trens rápidos paravam lá.

No outono, *Papá* nos colocou nas escolas locais: as meninas, na escola do Convento Ursulino, e os meninos, na escola pública. Uma vez que não tínhamos qualquer meio de transporte, íamos e voltávamos a pé da escola, com chuva ou sol. Cada trajeto levava 45 minutos. Andar era um bom exercício, embora às vezes a distância parecesse muito longa. Mais tarde ganhamos bicicletas e pedalávamos para a escola – uma melhoria bem-vinda!

Papá sempre tentava encontrar algo especial que nos interessasse. Um dia, ele levou um cachorro para casa. Não era simplesmente qualquer cachorro, mas um grande terra-nova, de temperamento dócil, forte o suficiente para puxar uma pequena carroça. Na Áustria, as pequenas carroças eram chamadas *Leiterwagen* (carrinhos de escada), porque os quatro lados eram feitos de seções que pareciam pequenas escadas. *Papá* nos mostrou como prender o cachorro ao *Leiterwagen* de forma que um de nós pudesse sentar nele, geralmente Martina, por ser um bebê e a mais leve de todos. Nosso cachorro se chamava Gombo.

Um dia, um vizinho disse a *Papá* que nosso grande cachorro preto tinha sido visto perseguindo veados na floresta. Acho que *Papá* não acreditou nele. Porém, houve mais relatos, e um deles foi de que Gombo matara um desses animais. As pessoas da vizinhança insistiam que o cão deveria ser eliminado por ser perigoso. Esse foi o fim de Gombo.

Um dia, no outono, *Papá* comprou duas colmeias americanas e as instalou no jardim junto a um grupo de grandes abetos. Elas eram um presente de nosso vizinho, Dachie Preuschen. As colmeias ficaram durante todo o inverno junto aos abetos, e acredito que todos pensaram que as abelhas iam se organizar sozinhas e produzir muito mel na primavera e no verão.

A casa das abelhas

No início da primavera, quando a neve derretia, fui até as colmeias. Não parecia haver qualquer movimento na entrada, apenas algumas abelhas cansadas, e dei uma olhada na parte de trás das colmeias. Encontrei abelhas mortas e mofadas e favos de mel aguados. Não parecia haver muita atividade ali dentro.

Contei a *Papá* o que havia encontrado e perguntei-lhe se podia cuidar das abelhas. Então *Papá* procurou o diretor de uma escola local que era apicultor profissional e lhe pediu para ir até nossa casa examinar as duas colmeias e talvez me dizer como cuidar delas. *Der Herr* Oberlehrer me trouxe um capuz para cuidar de abelhas, luvas e um lança-fumo. Em seguida, abriu as colmeias, limpou-as completamente e encontrou um núcleo de abelhas e a rainha intactos. Ele me ensinou como tomar conta delas colocando um favo de mel iniciador nos quadros. Depois, fez visitas frequentes para me mostrar outras coisas – por exemplo, como pegar um enxame e como extrair mel. Nesse mesmo outono, colhi 5 quilos de mel de abeto escuro; tinha um novo enxame; e comecei outra colmeia para abrigá-lo.

No ano seguinte eu tinha três enxames e precisava de mais espaço ainda. Então, *Papá* pediu a Hans Schweiger, nosso mordomo e faz-tudo, para construir uma *Bienenhaus* (casa de abelhas) para as colmeias. Ele mandou que a colocasse perto da cerca, ao longo dos trilhos do trem, longe das áreas de circulação da família. Com o passar do tempo, cheguei a ter sete colônias de abelhas grandes.

Outra ideia de *Papá* envolvia galinhas: por que não ter uma granja naquela parte de nossa propriedade que não estava sendo usada para nada? Seu bom amigo Dachie Preuschen levou-lhe planos, mostrando como construir uma eficiente granja americana, e *Papá* e Hans começaram a construir gaiolas de acordo com os planos. Logo os pintinhos chegaram em caixas pelo correio, juntamente com cochos e bebedouros. Martina então perguntou: "Onde os pintinhos crescerão até que fiquem grandes o suficiente para viver nas gaiolas?" *Papá* decidiu que seria em um grande quarto vazio no terceiro andar, que tinha exatamente o tamanho certo.

Os quartos dos Stiegler eram no mesmo andar, e a Sra. Stiegler foi chamada para ajudar a desempacotar os pintinhos. Foi um grande acontecimento para todos nós quando as bolinhas de penas amarelas piadoras emergiram. A Sra. Stiegler também ficou responsável por alimentar os pintinhos e limpar a área. Enquanto eles cresciam rapidamente sob seus cuidados no andar de cima da casa, *Papá* e Hans deram os toques finais nas gaiolas do lado de fora, e não demorou até que os pintinhos adolescentes fossem levados para a nova moradia permanente. Havia até luz elétrica em sua nova casa. Demos a eles alimentação especial, para ajudá-los a produzir ovos grandes, com cascas fortes, e *Papá* construiu caixas com alçapões para colocar os ovos, de forma que pudéssemos identificar quais galinhas tinham colocado quais ovos. *Papá* vendia os ovos para hotéis em Salzburgo.

Aproximadamente na mesma época *Papá* levou para casa um filhote de cabrito. Era totalmente branco, como as galinhas, e foi um presente de aniversário para Hedwig. O cabrito foi colocado na área que tinha sido cercada para as galinhas, para que não escapasse. A família toda adorava as galinhas e o cabrito.

Lembro-me de ajudar a recolher os ovos, um trabalho que eu gostava de fazer. Um dia, ao abrir o alçapão, *Papá* teve uma surpresa. Lá estava o pequeno cabrito, lutando para sair de sua prisão. O cabrito tinha visto as galinhas indo para as caixas de colocar ovos e deve ter pensado que era uma galinha também e que podia fazer tudo que as galinhas faziam. Essa foi a grande história do dia!

Agora que tinha estabelecido uma casa para os filhos, *Papá* começara a cantar para nós as canções de que se lembrava de seu tempo na Marinha. Algumas delas tinham sido inventadas por sua tripulação para ajudar na aprendizagem de determinados comandos ou dos números na língua alemã. Outras tinham estrofes humorísticas. *Papá* também se lembrava de várias canções românticas engraçadas e outras dos anos em que era mais jovem. Ele sempre acompanhava essas músicas com o violão. Lógico que aprendemos todas rapidamente, assim como fazíamos com todas as outras músicas que ouvíamos.

Papá ensinou Rupert e Maria a tocarem acordeão. Ele ensinou violino a Johanna, e com o tempo ela passou a tocar muito bem. Maria também tocava violino. Ele me deu um pequeno violão e me mostrou os acordes que eu precisava para fazer o acompanhamento. Praticávamos esses instrumentos com afinco até conseguirmos tocar marchas e danças folclóricas juntos. As tardes musicais se tornaram um acontecimento diário, e gostávamos muito delas. Nosso pai tocava o primeiro violino; Rupert ou Maria, o acordeão; e eu o acompanhava ao violão. Mais tarde Johanna se juntou a nós, tocando o segundo violino. Nosso pequeno grupo de artistas era então, em termos vienenses, Ein Schrammel Quartet. Um quarteto Schrammel é uma especialidade vienense, não de comida, mas de música folclórica. Ele, em geral, consiste em um ou dois violinos, um acordeão e um ou dois violões. Às vezes, um contrabaixo é acrescentado. Pode-se ouvir essa música nos pequenos restaurantes em Grinzing, um subúrbio de Viena, durante a época da colheita, quando o vinho novo é servido. Esse tipo de música cria um ambiente feliz e festivo. Nosso quarteto Schrammel, no entanto, não era acompanhado por uma taça de vinho. Ele era para nós, em si, uma diversão maravilhosa.

O fato de nós, crianças, termos sido expostas à música bem cedo em nossa vida e desfrutado e cultivado nossos talentos musicais se contrapõe diretamente com a história apresentada em *A noviça rebelde*. Na peça e no filme, parece que nossa segunda mãe foi a única responsável por nos ensinar as alegrias da música. Na realidade, não apenas tocávamos instrumentos e cantávamos com *Papá* na casa em Salzburgo antes de conhecermos nossa segunda mãe, mas também cantamos muito cedo em nossas vidas, em Erlhof, durante a Primeira Guerra Mundial, quando *Mamá*, Gromi e as tias cantavam e tocavam piano.

Lembro-me de uma de nossas primeiras aventuras musicais longe de casa. No verão de 1926, tio Karl Auersperg organizou uma viagem de acampamento para todos os membros de sua família que viviam em Goldegg, inclusive alguns membros da criadagem. Ele também convidou *Papá* e qualquer um de nós que pudesse apreciar essa aventura. O local do acampamento era para ser na parte plana de uma geleira, a qual se retraíra e estava cercada pelos picos das montanhas altas, conhecidas como Die Niederen Tauern. Era no ponto mais alto da estrada que passava por cima dessa passagem entre montanhas, bem acima da linha da vegetação. Lá, o ar era frio e claro, incrivelmente leve e limpo. A água da geleira correndo por esse vale era como cristal, e o orvalho matutino cintilava no capim esparsa e na vegetação da montanha. A atmosfera nessas regiões altas era indescritivelmente acolhedora.

Deve ter havido preparativos dos quais nós, crianças, não tínhamos ideia. Porém, não muito antes dessa expedição começar, *Papá* chegou em casa dirigindo um carro. Ele o apresentou como "nosso carro novo". Era um Daimler vermelho, um carro de passeio conversível. Tinha um teto feito de lona, que podia ser estendido para proteção contra chuva e recolhido para podermos ver a paisagem; e um bagageiro para as malas. Precisávamos girar a manivela na frente para dar partida no motor. Esse carro foi outra das surpresas de *Papá*. Daí em diante, podíamos viajar para Salzburgo em cinco minutos; de bicicleta ainda levava cerca de meia hora; e a pé, 45 minutos. Logo, no entanto, descobriu-se que o Daimler tinha um defeito nos freios, e ele teve de voltar para a fábrica. Como não pôde ser consertado, o carro foi trocado por outro. O novo era de uma linda tonalidade de azul e parecia funcionar bem.

Ocorre que o irmão de *Mamá*, Franky, também morava nas proximidades com a esposa, Gretl, e o filho, Johnny. Eles também se juntaram à festa do acampamento. Tio Franky possuía um Tatra, um carro de quatro cilindros com um teto retrátil como o nosso.

Na data marcada, nosso novo carro estava entulhado de bagagem, sacos de dormir e alimentos. Rupert, Werner, Maria e eu fomos escolhidos para ir na viagem. Todos nos encontramos no lugar escolhido para o acampamento. Os homens armaram as barracas e as mulheres prepararam as refeições.

A música foi o destaque da viagem. Tio Karl tocava acordeão – um instrumento muito complicado, com muitos botões para ambas as mãos, que soava como um órgão pequeno. *Papá* tocava o violino, assim como o primeiro-tenente Pokiser, tutor das crianças dos Auersperg. Acho que eles se alternavam, tocando as partes do primeiro e do segundo violino em obras diferentes. *Herr* Mastalier, o professor de música das crianças de Auersperg, tocava o violão. Um quarteto Schrammel se apresentando! Eles tocavam de manhã e à tarde. Nas tardes em que as crianças e as mulheres se recolhiam para suas barracas, o quarteto andava de barraca em barraca fazendo serenata para nós. Eles começavam a tocar a uma determinada distância e, à medida que se aproximavam das barracas, tínhamos uma sensação maravilhosa, pois estávamos cercados por essa música adorável.

Tio Karl fez gulache para todo o grupo de cerca de 30 pessoas enquanto as mulheres preparavam as bebidas e o restante da refeição. Nesse ínterim, Lorli Meran, nossa prima, então uma menininha de cerca de 5 anos de idade, usando um *dirndl* (vestido típico austríaco) vermelho e um avental azul-claro, foi até o riacho para olhar os peixes. De repente, ela sentiu um puxão em seu avental, vindo de trás. Ao se virar, deu de cara com uma vaca, que começava a comer as tiras de seu avental. Felizmente, ela estava acostumada com animais de todos os tipos e calmamente começou a puxá-las da boca da vaca. Somente com o auxílio de um dos adultos, que rapidamente se aproximou para ajudá-la, é que ela conseguiu recuperar seu avental.

Por aproximadamente três semanas desfrutamos de uma reunião familiar inesquecível. Então, chegou a hora de partir, e cada família e grupo retornou às suas respectivas casas. Deixamos a montanha para trás. Embora tenhamos nos separado de nossos parentes, levamos a música para casa conosco. Naquele momento, sabíamos a maior parte das obras de cor.

Quando as aulas começaram, em setembro, nossas lembranças da viagem de acampamento esmoreceram, mas a música permaneceu e tornou-se parte de nosso dia a dia. Com

Rupert no acordeão, *Papá* no primeiro violino, Maria no segundo violino e eu no violão, fazíamos música sempre que encontrávamos tempo!

Nosso repertório foi crescendo; nosso entusiasmo aumentando; e tocávamos as novas canções que tínhamos ouvido nas montanhas muitas vezes. Uma delas chamamos de "The Tauern Marsch" (a marcha Tauern). Havia outras melodias de dança e canções que adorávamos tocar. Naquela época, meu pai escreveu à sua prima Flora nos Estados Unidos: "Meus filhos cantam e tocam música o dia todo. Só é possível fazer isso quando se é jovem."

8

Uma nova mãe e duas irmãzinhas

Antes de morrer, *Mamá* pediu a *Papá* que se casasse novamente. Ela sabia que o estava deixando com sete crianças pequenas, a mais velha com 10 anos e a mais jovem com menos de 2. Elas precisavam do amor, do cuidado e da atenção de uma mãe, assim como nosso grande lar.

Por essa época, *Papá* foi incentivado a se casar com uma parenta distante de *Mamá* – uma condessa austríaca. Esse casamento, no entanto, não se concretizou. *Papá* estava muito melancólico com a perda de sua adorada Agathe para pensar em se casar novamente logo após sua morte. Ele encarregou uma governanta de administrar as tarefas domésticas e de supervisionar a rotina dos filhos mais velhos. Em Aigen, foi a baronesa Rita Mandelsloh, uma senhora refinada, de fala macia, com mais de 60 anos de idade, que cumpria as tarefas com grande discrição.

Após a epidemia de escarlatina em Klosterneuburg, Maria e Werner ainda sofriam com as sequelas da doença. Ambos tinham sopro cardíaco e precisavam tomar cuidado para não se extenuarem. Porém, onde colocaríamos o limite? Como se pode saber o que é muito? Maria era chamada a atenção constantemente: "Você não deve fazer isso. Você não deve fazer aquilo. Isso é muito, aquilo é muito." Acredito que seu espírito foi enfraquecido por ter sido superprotegida, o que teve um efeito oposto ao que era pretendido. Tocar o violino era uma das poucas coisas que ela podia fazer que não carregava a advertência "Não exagere".

Naqueles dias, os "pequenos" e os "grandes" eram rigorosamente separados. Os pequenos, Hedwig, Johanna e Martina, dormiam em um quarto juntos, com uma babá tomando conta da rotina diária deles. Eles tinham um quarto de brincar só deles. Os maiores, Rupert, Maria, Werner e eu, já éramos grandes demais para ter uma governanta. Maria e eu tínhamos um quarto grande só nosso, com duas escrivaninhas, em que cada uma fazia os deveres de casa. Os dois meninos tinham quartos separados. A baronesa Mandelsloh supervisionava os empregados e a família com uma atitude maternal. Todas as noites ela ia ao nosso quarto para nos desejar boa-noite e falar conosco, ou resolver qualquer problema que pudéssemos ter. Lembro-me dela com grande afeição. No entanto, a baronesa Mandelsloh era uma governanta, não uma professora.

Quando a fadiga de Maria começou a aumentar por causa de seu problema cardíaco, *Papá* ficou preocupado. A caminhada de 45 minutos de ida e volta da escola, assim como o longo dia na sala de aula, a exauriam. Finalmente, Maria não pôde mais ir à escola, e foi necessário contratar uma professora para ensiná-la em casa, de forma que ela não precisasse repetir de ano. *Papá* perguntou ao diretor da escola se havia uma aluna de nível superior que pudesse viver conosco e ajudar Maria com os estudos. O diretor não conhecia nenhuma aluna para exercer essa função, mas tinha o nome de uma professora, uma postulante à abadia de Nonnberg, que era qualificada e poderia viver conosco. Chamava-se Gustl Kutschera e tinha 21 anos. O médico recomendara que essa professora deixasse o convento por um ano e fosse trabalhar por causa de dores de cabeça constantes. Ele achava que essas dores de cabeça eram causadas pela mudança repentina para a vida de confinamento exigida pelo convento.

Papá contratou Gustl imediatamente, sem qualquer entrevista. No dia seguinte, ela apareceu em nossa casa. *Papá* nos chamou com seu assobio de contramestre. Descemos as escadas amplas pulando degraus, porque essa era a maneira mais rápida. Depois, ficamos em frente a uma pessoa cujas roupas pareciam ter saído de uma revista em quadrinhos.

Gustl – Maria Augusta Kutschera era seu nome completo – usava um vestido de verão azul-escuro com um decote incomum e um chapéu de couro. Em uma das mãos, segurava uma pasta e, na outra, um violão. Nós a saudamos educadamente, sem grande entusiasmo, porque ela seria apenas a professora de nossa irmã Maria. Ela não teria nada a ver com as outras crianças. Após a apresentação inicial, foi mostrado a Gustl o quarto dela e lhe informaram o horário e o lugar da próxima refeição. Nós, crianças, voltamos para nossos quartos para terminar os deveres de casa.

Nos dias que se seguiram, não vimos muito Gustl, que passava o tempo todo com Maria. Somente nas horas das refeições é que ela se juntava à família. Pouco a pouco ela começou a falar com todos nós e, quando descobriu que gostávamos de cantar, juntou-se a nós para cantar nossas músicas. Ela também nos ensinou músicas folclóricas. Que diferença entre Gustl e as governantas, que eram muito mais velhas e nunca cantavam conosco! Naquele momento, Gustl fez amizade com o restante de nós. Ao interagir com as crianças para as quais não fora designada, ela entrara no território de outrem, o que criou um problema para nossa baronesa Mandelsloh.

Uma vez, Gustl tinha muitas horas livres e não estava ensinando, foi-lhe então solicitado que usasse esse tempo para remendar as inúmeras meias das crianças. Remendar meias não é comum nos Estados Unidos. Porém, na Áustria, naquela época, as meias que as meninas usavam eram feitas não de seda ou náilon, mas de um tricô de algodão um pouco grosso. Quando ficavam finas de tanto uso, os calcanhares podiam ser remendados, o que as deixava como novas. As meias dos meninos, até a altura dos joelhos, também precisavam ser remendadas; portanto, havia mais de 14 pares de meias, num total de 28 meias precisando de reparo. Era necessário dedicar muito tempo para consertá-las! Gustl detestava esse trabalho, mas o fazia. Ainda posso vê-la sentada em uma almofada no chão com uma montanha de meias ao lado. Ela lamentava, suspirava e gemia pelo trabalho entediante e difícil e por não saber como fazer os remendos.

Finalmente, me ofereci para ajudar. Tendo uma companheira na sua infelicidade, ela começou a me contar sobre sua infância em Viena e sobre a vida no convento. Ela também queria saber o que eu achava de várias coisas. Eu tinha 13 anos na época. Ela me contou que nascera em um trem que ia do Tyrol para Viena. Sua mãe viajava para casa para ficar com o marido quando o bebê nascesse, mas Gustl chegou mais cedo do que era esperado. Sua mãe morreu logo depois do parto, e seu pai a entregou aos cuidados de uma mãe adotiva, que vivia nos arredores de Viena.

Gustl continuou a me contar sobre sua infância. Quando tinha 9 anos de idade, o pai morreu, e um parente, a quem ela chamava de tio Franz, tornou-se seu guardião legal. Ele adorava punir Gustl. Por exemplo, no caminho da escola para casa, ela parava para colher flores silvestres. Tio Franz a punia por não ir direto para casa. Ele o fazia diariamente, tivesse ela feito algo errado ou não. Gustl então decidiu se divertir com as amigas da escola apesar das ordens de tio Franz, porque ela sabia que ele a puniria de qualquer forma.

Ela me contou que desejava se tornar professora, então fugiu e se matriculou em um internato que oferecia um curso de treinamento de professores. Para pagar por seu quarto e pelo internato, ela bordava. Durante os meses de verão, Gustl viajava com um grupo de meninos e meninas conhecido como Neuland. Seu objetivo era reformar a ordem social da época. Ela fazia parte do coral deles e gostava de andar pela zona rural, se apresentando e colecionando músicas folclóricas. Os jovens do grupo usavam roupas que imitavam as dos camponeses. As meninas usavam vestidos que imitavam os *dirndl* típicos do sul da Áustria que elas mesmas costuravam. Os meninos usavam *Lederhosen* e jaquetas. Todos calçavam sandálias. Eles desprezavam o que denominavam a "sociedade sofisticada".

Gustl também me falou sobre o seu amor pela música. Por adorar música e não ter dinheiro para ir a concertos, ela ia à missa nas igrejas católicas de Viena aos domingos. Seu objetivo não era adorar, mas ouvir música que não custava nada. Um dia, ela ouviu um sermão e, após a missa, procurou o padre. Despejou sobre ele toda a sua oposição e o seu ressentimento para com a Igreja. Ele a ouviu até que terminasse e lhe disse: "Ajoelhe-se e confesse seus pecados." Naquele momento, ela disse que mudara. Na missa seguinte, na capela da escola, ela recebeu a comunhão para demonstrar sua conversão. Estava então arrependida por ter anteriormente convencido seus colegas de classe a abandonarem a Igreja Católica e tentou mudar a descrença deles.

Algum tempo após sua conversão Gustl foi fazer alpinismo com alguns amigos. No topo da montanha, apreciando a beleza ao redor, ela tomou a decisão repentina de desistir de toda aquela beleza terrestre e entrar para um convento. Procurando pelo mais rígido, entrou para a ordem beneditina em Salzburgo. Ela descreveu seu comportamento impróprio lá e a paciência das freiras quando a pegavam deslizando pelo corrimão das escadas, cantando e assobiando nos corredores e chegando tarde para as orações. Depois de encontrar o caminho para subir até uma parte plana do telhado, ela ficava apreciando a vista da cidade de Salzburgo e passava o tempo livre lendo. A música intitulada "How do You Solve a Problem Like Maria?" [Como você resolve um problema como Maria?], de *A noviça rebelde*, foi muito apropriada.

Durante nossas sessões de remendos, Gustl também me contou outra história interessante. Uma vez, antes de vir para nossa casa, ela nos viu andando em pares com *Fräulein* Freckmann em Klosterneuburg. Ela disse: "Quando vi como ela os fazia andar de uma forma tão regimentar, senti muita pena de vocês. Gostaria de ter sido governanta de vocês na época."

Fiquei me perguntando como ela sabia que éramos nós e como conhecia *Fräulein* Freckmann pelo nome. Ela me contou que costumava visitar uma senhora em cuja casa eram realizados seminários sobre o início da liturgia cristã. Ela encontrara *Fräulein* Freckmann lá. Fora coincidência? Por causa de suas histórias interessantes, nosso tempo remendando passava rapidamente.

Ela detestava a baronesa Mandelsloh, e o sentimento era mútuo. A baronesa Mandelsloh a via como uma intrusa, e Gustl via a baronesa como um mal necessário. A baronesa Rita Mandelsloh fugiu do confronto, indo embora. Havia somente um espinho a mais ao lado de Gustl: *Frau* Stiegler. Ela adorava *Mamá* e se ressentia da intrusão de Gustl, mas *Frau* Stiegler permaneceu.

Papá começara a gostar de Gustl quando viu que ela se interessava por seus filhos e que todos se davam bem com ela. Estávamos ocupados aprendendo novas canções, jogando vôlei e caminhando pelas montanhas com ela.

O Sr. Hankey, um americano que possuía um iate em Bremerhaven, na Alemanha, escreveu uma carta para *Papá* pedindo para ele pensar na possibilidade de comandar esse iate de Bremerhaven para Gênova, na Itália, como capitão contratado. *Papá* ficou interessado por essa aventura, uma vez que velejar era sua especialidade. Ele também viu a oportunidade como uma forma de se divertir estando no mar novamente, usando suas habilidades para navegar em águas desconhecidas. Essa solicitação apresentou um maravilhoso desafio para ele, e com tudo em casa indo bem, ele aceitou o trabalho. Após várias semanas, *Papá* retornou à casa tendo cumprido essa missão, para satisfação do Sr. Hankey. Um dia, *Papá* me' chamou em seu escritório. Ele se sentou no sofá, e eu em uma cadeira próxima. Ele me perguntou: "Você acha que eu deveria me casar com Gustl? Sabe, ela é bastante bonita." Lembro-me das palavras exatas de minha resposta para *Papá*: "Acho que se é a vontade de Deus, então você deve se casar com ela." Aos 14 anos de idade, essa não era minha forma usual de pensar, mas as palavras saíram assim. *Papá* talvez também tenha consultado outros de seus filhos.

Em 27 de novembro de 1927 *Papá* se casou com Gustl na igreja da abadia de Nonnberg. Assim sendo, *Papá* tinha uma segunda esposa, e nós sete tínhamos uma segunda mãe. Imediatamente após o casamento surgiu a questão de como deveríamos nos dirigir a ela como nossa nova mãe. Gustl sentiu que essa questão delicada precisava ser resolvida e nos disse: "Por que não me chamam de 'mamãe'? Essa forma me distingue de sua mãe verdadeira, mas, ao mesmo tempo, é apropriada porque agora sou mãe de vocês."

A princípio foi um pouco difícil e estranho usar um nome que nunca usáramos antes, mas com o tempo nos acostumamos a ele. Não percebemos naquele momento que ficaríamos unidos a essa nova mãe pelos 29 anos seguintes em uma aventura musical que nos salvaria dos conflitos apavorantes da Segunda Guerra Mundial e nos faria atravessar o oceano para um novo continente, que se tornaria nosso novo lar: os Estados Unidos.

Gustl tinha 22 anos, e *Papá*, 47, quando ela se juntou à nossa família. Ela era apenas seis anos mais velha do que Rupert

– o filho mais velho – e oito anos mais velha do que eu. Ela sabia muito mais do mundo além dos limites de nossa casa do que nós, devido às circunstâncias de sua infância e à sua educação. Tinha opiniões bem-definidas sobre a vida e as expressava "em alto e bom som". Agora que ela era nossa segunda mãe e nós éramos seus obedientes filhos, lentamente se tornava a pessoa mais importante de nossa vida.

Mamãe era jovem e cheia de energia. Achava nossa rotina diária bem-regimentada enfadonha e sem vida e desejava nos proporcionar diversão e atividades mais prazerosas. Ela não gostava do fato de que levávamos tanto tempo para fazer nossos deveres de casa, mas gostava da "hora do café" de *Papá* após o jantar. Era o momento especial dele conosco. Ele fazia nosso mordomo, Hans, levar para a sala de estar um conjunto de pequenas xícaras feitas de louça de arroz, que comprara no Oriente Médio durante sua viagem ao redor do mundo. Essas xícaras e uma chaleira de cobre com uma alça de madeira eram colocadas em cima de uma bandeja de metal oriental ornada. *Papá* acrescentava uma colher cheia de açúcar à água do pote de cobre e a levava até o ponto de fervura sobre uma pequena chama. Depois adicionava o café, o qual triturava em um moedor manual, à água fervente. Essa era a hora de socialização diária antes de fazermos nossas diferentes atividades após o almoço ou jantar. Acredito que *Papá* gostava muito desse momento, quando todos os olhos permaneciam grudados em suas mãos. Após dar a cada um dos filhos uma xícara cheia dessa bebida deliciosa, ele começava a nos contar histórias de sua juventude. Ainda guardo na memória essas horas com *Papá* e seu café turco depois do jantar. Eram momentos muito especiais.

Durante os anos seguintes ao casamento, nossa nova mãe fez muitas mudanças em nossa família. Ela mudou a forma como nos vestíamos, o que comíamos e como vivíamos. Um vento novo soprou em nossa casa. Ela estava apreensiva por ser uma segunda mãe; por essa razão, lia muitos livros sobre como ser uma madrasta e como os filhos reagem a elas. Suas leituras sugeriam que os filhos frequentemente não aceitavam uma madrasta. Esse, no entanto, não foi o caso em nossa família; nós a aceitamos completamente. Por causa de suas leituras que diziam o contrário, ela não acreditava em nossa aceitação, uma impressão equivocada da parte dela, que conduziria a muitos mal-entendidos no futuro. Nossa nova mãe pensava em inúmeras coisas para fazermos. Continuamos a participar de todas as atividades de que ela tanto gostava e que nos apresentara antes de se casar com *Papá*. Mamãe gostava de vôlei, então jogávamos com ela durante horas. Eu odiava vôlei! Ela adorava escalar montanhas, então a família toda escalava montanhas no verão e durante o ano escolar.

Ela organizava nosso tempo ocioso com outras atividades ao ar livre, como passeios de bicicleta, por exemplo. Nos ensinava danças antigas, que aprendera no seu grupo de juventude, e as dançávamos no gramado. As tardes eram passadas em cantorias. Todas essas atividades fizeram parte de sua vida anterior, e gostávamos delas porque eram novas e divertidas.

Às vezes, essas atividades entravam em conflito com nossos deveres de casa. Nesse meio-tempo, minha irmã Maria se recuperara o suficiente para retornar à escola, então todos nós tínhamos deveres de casa. Embora gostássemos das novas atividades que mamãe planejava para nós, sobretudo o alpinismo, havia sempre a pergunta: como vamos terminar nossos deveres de casa? Isso criou um dilema especial para mim, porque eu era muito escrupulosa com as minhas lições. Embora

O brasão dos Von Trapp.

Meus avós paternos, August Ritter von Trapp e Hedwig Wepler, fotografia de noivado, 1875.

Meus pais, Georg e Agathe von Trapp, após o casamento, 1911.

Meu pai, Georg Ritter von Trapp, de uniforme, 1916.

O encouraçado *Zenta*.

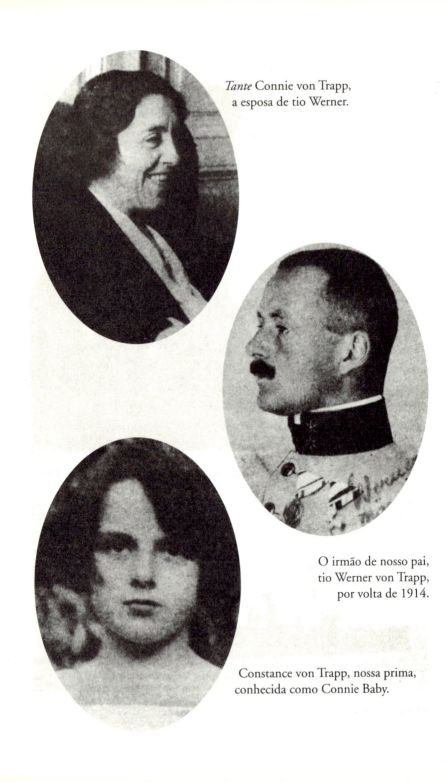

Tante Connie von Trapp, a esposa de tio Werner.

O irmão de nosso pai, tio Werner von Trapp, por volta de 1914.

Constance von Trapp, nossa prima, conhecida como Connie Baby.

Meu bisavô materno, Robert Whitehead, inventor do torpedo, por volta de 1900.

Meu avô materno, John Whitehead (1854-1902).

Minha avó materna, Agathe Breuner Whitehead (Gromi), 1911.

Gromi e seus filhos. Da esquerda para a direita: John, Agathe (minha mãe) e Frank (acima), Mary, Bobby e Joan (abaixo).

Castelo Grafenegg, a casa de infância de Gromi na baixa Áustria.

Papá de uniforme, por volta de 1935.   Minha mãe, Agathe Whitehead von Trapp, 1914.

A Villa Trapp em Pola, a primeira casa de meus pais.

Mamá com Agathe em Erlhof, 1914.

Mamá com Rupert e Agathe, 1914.

Mamá com Rupert e
Agathe em Fiume, 1914.

Erlhof, nossa casa com Gromi durante a Primeira Guerra Mundial.

Papá e *Mamá*, Erlhof, por volta de 1912.

Gromi, desenho a lápis, por *Tante* Joan, 1935.

Mamá tricotando em frente a Erlhof, 1915.

Minha primeira aula de patinação no gelo com Nenni no lago Zeller, 1917.

Mamá e *Papá*, inverno de 1912.

Mamá esquiando, Erlhof, por volta de 1912.

Tante Mary com Rupert e Agathe, lago Zeller, por volta de 1915.

Almoço com Nenni segurando Maria, por volta de 1915.

As quatro Agathes, 1913. Da esquerda para a direita: *Mamá*, bisavó Agathe Breuner segurando Agathe, e Gromi.

Agathe e Maria no aniversário de 80 anos da bisavó Agathe Breuner, 1918.

Agathe aos 5 anos de idade, 1918.

Papá e *Mamá* com Rupert, Werner, Maria e Agathe, 1916.

Maria, Agathe e Rupert vestidos para o aniversário de 80 anos da bisavó, 1918.

Nenni com Connie Baby, Agathe, Maria e Rupert (atrás), Werner e Hedwig (na frente), 1918.

Mamá e seus filhos, 1919. Da esquerda para a direita: Hedwig, Agathe, *Mamá* segurando a bebê Johanna, Rupert (atrás), Werner e Maria (na frente).

Vista do Hotel Kitzsteinhorn.

As sete crianças Von Trapp em Klosterneuburg, 1922.
Da esquerda para a direita: Rupert, Maria, Agathe e Werner (atrás).
Johanna, Martina e Hedwig (na frente).

Martinschlössl em Klosterneuburg, nossa casa próxima a Viena de 1921 a 1925.

Nossa casa em Aigen, próximo a Salzburgo, 1925.

Chamamos esta fotografia de "Os tubos de órgão", por volta de 1927. Da esquerda para a direita: Martina, Johanna, Hedwig, Werner, Maria, Agathe e Rupert.

Castelo Goldegg, a casa de nossos primos, os Auersperg.

Hedwig com seu cabrito em nosso jardim e Gombo observando, Aigen, 1926.

Agathe, aos 18 anos, alimentando as galinhas com Rosmarie em Aigen, por volta de 1931.

Agathe em pé, próxima a Gombo com Martina e Johanna no carrinho, Aigen, 1925.

A família Von Trapp em St. Georgen, Itália, após deixar a Áustria, 1938.

A família Von Trapp na Itália, 1938.

Papá em Aigen, 1927.

A família Von Trapp em Merion, Pensilvânia, 1941. Da esquerda para a direita: Rupert, Agathe, Maria, Johanna, Martina, Hedwig, e Werner (atrás). Mamãe, Johannes, Rosmarie, *Papá*, e Eleonore (Lorli) (frente).

Georg e Maria von Trapp, por volta de 1943.

Os cantores da família Trapp ensaiando, 1946. Da esquerda para a direita: Eleonore (Lorli), Agathe, Maria, *Papá*, Johanna, Martina, Rosmarie, Hedwig, mamãe e Johannes (de pé). Werner toca a viola da gamba; e o padre Wasner, a espineta (sentado). Rupert estava na faculdade.

Papá tocando o violino em nosso acampamento musical, por volta de 1945.

Nosso acampamento de verão. Da esquerda para a direita: minha irmã Maria, uma convidada do acampamento, *Papá* e Werner, por volta de 1945.

Agathe desenhando gravuras em blocos de linóleo, por volta de 1941.

A Segunda Guerra Mundial termina; Rupert e Werner retornam ilesos para Vermont, 1945.

Nossa casa em Vermont após a nevasca, 1942.

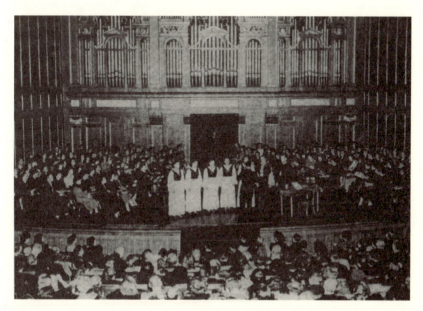
Uma das diversas apresentações que fizemos no Jordan Hall, Boston, Massachusetts, meados da década de 1940.

PEABODY INSTITUTE OF THE CITY OF BALTIMORE
CONSERVATORY OF MUSIC
REGINALD STEWART, Director

EIGHTY-THIRD SEASON OF PEABODY CONCERTS
ONE THOUSAND, ONE HUNDRED AND FIFTY-SEVENTH RECITAL

SIXTH PEABODY RECITAL
SEASON 1948-1949

TRAPP FAMILY SINGERS

First Sopranos	*Tenor*	*Baritone*
AGATHE VON TRAPP	DONALD MEISSNER	WERNER VON TRAPP
ELEONORE VON TRAPP	*First Alto*	*Bass*
Second Sopranos	HEDWIG VON TRAPP	Dr. FRANZ WASNER
MARIA VON TRAPP	*Second Alto*	
MARTINA VON TRAPP	MARIA AUGUSTA VON TRAPP	

Dr. FRANZ WASNER, *Conductor*

FRIDAY AFTERNOON, DECEMBER 17, 1948, AT 3:30 O'CLOCK
CONCERT HALL

JACOB HANDL (1550-1591)

ASCENDO AD PATREM MEUM
The words of this six part motet are taken from the liturgy of the feast of the Ascension of Christ: "I go up to the Father, my Father and your Father, my God and your God. Alleluia. Lifting up his hands, he blessed them and was carried up to Heaven. Alleluia."

WOLFGANG AMADEUS MOZART (1756-1791)

ADORAMUS TE CHRISTE
"We adore Thee, O Christ, and praise Thee, for through Thy holy Cross, Thou hast redeemed the world."

ANTON BRUCKNER (1824-1896)

TOTA PULCHRA ES MARIA
Bruckner, Austrian composer of nine great symphonies, also composed a number of choral works. Among these is this invocation to the Virgin: "All beautiful art Thou, Maria."

TOMÁS LUIS DE VICTORIA (1549-1611)

PASTORES LOQUEBANTUR AD INVICEM
A six part Christmas motet by the great 16th century Spanish composer. "The shepherds said one to another, 'Let us go over to Bethlehem and let us see this word that is come to pass, which the Lord hath showed to us.' And they came with haste and they found Mary and Joseph and the infant lying in the manger."

GEORG PHILIPP TELEMANN (1681-1767)

SONATA in C major. For Alto-Recorder and Virginal
Cantabile; Allegro; Grave; Vivace

HENRY PURCELL (1659-1695)

SUITE from Music to Shakespeare's "Midsummer Night's Dream". For Ensemble
Prelude—Aria—Rondo—Prelude

INTERMISSION—FIVE MINUTES

PETER WARLOCK (1894-1930)

CORPUS CHRISTI

RUTLAND BOUGHTON (1878-   )

THE HOLLY AND THE IVY

Carols
Arranged by Dr. Franz Wasner

HIRTEN AUF UM MITTERNACHT (Tyrolian)
CANZONE DI NATALE (Italian)
SHEPHERDS, SHAKE OFF YOUR DROWSY SLEEP (French)

SALZBURG CAROL

THE VIRGIN'S LULLABY

FRANZ GRUBER

SILENT NIGHT

The SEVENTH RECITAL will take place Friday, January 7
TOSSY SPIVAKOVSKY, Violinist

Programa da Peabody Conservatory of Music, Baltimore, Maryland, dezembro de 1948.

A família em turnê pelos Estados Unidos, 1946. Agathe é a da extrema direita, na primeira fila.

Agathe segurando um coala, Austrália, 1955.

Turnê internacional, 1950.

ARTISTS SERVICE OF HONOLULU

(George D. and Dean S. Oakley)

PRESENTS THE

TRAPP FAMILY SINGERS

McKINLEY AUDITORIUM, HONOLULU
MONDAY, MAY 9, 1955

MADAME MARIA AUGUSTA TRAPP, Director
VERY REV. FRANZ WASNER, Conductor

PROGRAM

I.

SING WE AND CHANT IT —(Five Part Ballet)...Thomas Morley
INNSBRUCK ICH MUSS DICH LASSEN..H. Isaac
SWEET HONEY-SUCKING BEES...John Wilbye (1574-1638)

II.

THREE OLD NETHERLAND DANCES...Anon. 16th Century
Recorders
Ronde—Allemande—Pavana (the Battle)
LE ROSSIGNOL EN AMOUR..Couperin
TRIO SONATA IN F MAJOR...Telemann
(Two Alto Recorders, Viola Da Gamba and Virginal)
Affetuoso—Allegro—Adagio—Allegro
PASTORALE...Arr. by F. Wasner
(Recorder, Viola Da Gamba and Virginal—Valentini)

III.
SACRED MUSIC

JESU REDEMPTOR OMNIUM...Gregorian Chant (First Mode)
SALVE REGINA (Six Part Motet)..Orlando di Lassus
SENEX PUERUM PORTABAT...William Byrd
TENEBRAE FACTAE SUNT...Johann Ernst Eberlin
REGINA CAELI, LAETARE...Gregor Aichinger (16th Cent.)

* * *

INTERMISSION

* * *

IV.
GROUP OF AUSTRIAN FOLKSONGS............................To be Announced from the Stage

V.
FIVE FOLKSONGS...Arr. by F. Wasner
The Oak and the Ash..England
Que lejos ertoy...Mexico
Riguiran ....Spain
Luardo Sertac ....Brazil
Hunting Song ....Germany
HAWAIIAN SONGS..Selected

THE STEINWAY IS THE OFFICIAL PIANO OF ARTISTS SERVICE
Decca and Concert Hall Records

Repertoire Published by G. Schirmer, Inc., New York

Programa, Honolulu, Havaí, 1955.

Maria e Rupert, Vermont, 1991.

Agathe com Werner e Mary Lou na comemoração do aniversário de 80 anos de Agathe, 12 de março de 1993.

Agathe e Mary Lou em seu jardim de infância em Maryland, final da década de 1980.

Aniversário de 80 anos de Agathe, no Martin Beck Theatre, Nova York, 12 de março de 1998. Da esquerda para a direita: Maria, Johannes, Agathe e Rosmarie.

Assistindo ao musical *A noviça rebelde*, em Nova York, 1998.
Da esquerda para a direita: Werner, Maria, Johannes, Agathe e Rosmarie.

Agathe e Charmian Carr (Liesl no filme *A noviça rebelde*), dezembro de 1998.

As crianças Von Trapp em apresentação, Foy Hall, Bethlehem, Pensilvânia, agosto de 2002.
Da esquerda para a direita: Amanda, Sofia, Justin e Melanie. Fotografia tirada por Ryan Hulvat.

Trapp Family Lodge, Stowe, Vermont.

Agathe e Maria em frente ao cemitério da família, Trapp Family Lodge, Stowe, Vermont, 2000.

mamãe adorasse criar atividades em nosso tempo livre, ela odiava o trabalho doméstico e ficava feliz por ter uma equipe de empregados para fazê-lo.

Ela era uma maravilhosa contadora de histórias. Sempre que contava uma história, eu ficava tão fascinada que não tirava os olhos dela para prestar atenção em suas expressões. Esse olhar fixo a deixava incomodada, e ela me dizia isso sem rodeios. Eu, no entanto, interpretava mal seu desagrado com relação a isso e achava que ela não gostava do meu rosto.

Mamãe tinha uma personalidade irresistível, que atraía as pessoas para ela como um ímã. Hoje em dia diríamos que ela tinha carisma. Por sua vez, adorava ser o centro das atenções. Esse era tanto o caso que, à medida que os anos se passaram, *Papá* se tornou mais retraído e pareceu desaparecer no pano de fundo.

Ela tinha muitas opiniões fortes, e logo tentou nos convencer de que era necessário mudar o estilo de vida de nossa sociedade. Por exemplo: ela não aprovava bebidas alcóolicas e fumo. Uma vez que os efeitos nocivos à saúde causados por esses produtos não eram conhecidos na época, suas objeções eram puramente por motivos pessoais.

Por ter frequentado uma escola que adotava uma ideologia socialista, com a qual ela concordava, mamãe tinha fortes preconceitos contra a aristocracia. Ela afirmava que essa classe de pessoas era "degenerada". Essa crença criava confusão entre nós, os mais velhos, uma vez que nossos próprios parentes eram pessoas estáveis e simples, que levavam vidas comuns, apesar do fato de possuírem castelos e morarem neles. Não conseguia entender por que ela pensava que meus parentes precisavam mudar. Mamãe tinha ideias tão fortes que era inútil se opor ou discutir com ela.

Papá, com seu jeito tranquilo, tentava demovê-la dessas ideias apresentando-a aos primos de *Mamá* e a seus familiares que viviam nas vizinhanças de Salzburgo. Imagine sua surpresa quando ela descobriu que "aqueles aristocratas" eram inteligentes, gentis, pessoas afetuosas, com um senso de humor maravilhoso e que não levavam vidas deslumbrantes ou indulgentes como ela imaginara! Ela aprendeu muito com eles e, mais tarde na vida, usaria o título de baronesa!

Mamãe teve que aprender a ser uma progenitora em uma família grande, cuja experiência fora muito diferente da sua, exatamente como precisamos nos ajustar a uma personalidade diferente de qualquer uma que já tínhamos conhecido.

Em fevereiro de 1929 houve muita agitação por causa da chegada de um novo bebê à família. A nova bebê graciosa foi chamada de Rosmarie. Ela tinha cachos loiros e olhos escuros. Dois anos depois nasceu outra menininha, que recebeu o nome de Eleonore, mas a chamávamos de Lorli. Ela tinha cachos castanho-escuros e olhos muito escuros e conquistava a admiração de todos que colocavam os olhos nela. Nós a adorávamos e admirávamos ambas as novas irmãzinhas. Hedwig, com 14 anos de idade, se tornou a babá delas sob a supervisão de mamãe. Nossas duas irmãzinhas tinham um quarto juntas e rotinas próprias. No entanto, havia uma grande diferença: Rosmarie e Lorli não ficavam confinadas no quarto como nossos pequenos ficaram.

Agora, mamãe precisava se ajustar não apenas à nova família já constituída, mas também aos novos bebês dela. Isso, juntamente com o novo estilo de vida, os novos parentes e as novas responsabilidades, tais como a administração de uma casa, tornaram seus dias muito ocupados.

Essas foram apenas as primeiras mudanças introduzidas por nossa nova mãe. Diante de nós surgiam mudanças dramáticas que nem ela, nem *Papá*, nem qualquer um de nós poderia prever.

9

Abrindo minhas asas

Eu não via muito minhas irmãzinhas, uma vez que estava muito ocupada estudando para me formar na escola secundária. Na primavera de 1931, Rupert e eu nos graduamos. Eu estudara em Salzburgo, em uma escola de meninas, o Mädchen Reform Real Gymnasium, enquanto Rupert frequentou um internato beneditino para meninos em Viena. Não houve uma celebração especial para marcar nossa formatura, mas *Papá* organizou uma surpresa para nós. Ele achava que nossos horizontes seriam ampliados com uma viagem de verão à Inglaterra para visitar nossos parentes ingleses, a família de *Mamá*. Nosso tio-avô, Bertie Whitehead, e a esposa, Rosie, moravam em uma linda mansão no sul da Inglaterra.

Juntos, Rupert e eu nos aventuramos no grande e amplo mundo. Viajamos de trem e barco, lógico. Rupert sempre se interessou por tudo que se relacionava a trens. Ele sabia exatamente o que fazer e quando fazer, desde trocar de trem a decifrar os horários de partida e chegada.

De Salzburgo viajamos para Colônia, na Alemanha, chegando lá à meia-noite, onde tivemos que esperar por duas horas pelo próximo trem para Bremen. Sugeri que déssemos um passeio pela cidade para passar o tempo e saímos pelas ruas mal-iluminadas para dar uma olhada na famosa catedral de Colônia. Enquanto vagávamos pela cidade, vimos um vendedor de panquecas de batata na calçada. Ele fritava uma imensa panqueca circular em um pequeno forno redondo e rechonchudo. Aquela panqueca marrom-dourada era o único ponto brilhante na cidade escura!

De Colônia seguimos para Bremen, onde pegamos um barco. Ao chegarmos à Inglaterra, Rupert descobriu o caminho até a estação de trem. Do momento em que embarcamos no trem na Inglaterra, sentimos a hospitalidade e a gentileza do pessoal da rede ferroviária. Sentíamos como se fôssemos convidados, não passageiros. Tal receptividade diferia de nossas experiências nos trens europeus. O condutor inglês era educado e agradável, e embora não estivéssemos viajando na primeira classe, era como se estivéssemos. À medida que passávamos pelo campo, mesas foram abertas para que os passageiros pudessem jogar cartas ou outros jogos. Antes de chegarmos a Londres, nos serviram chá e biscoitinhos.

Tio Bertie Whitehead, o irmão de nosso avô, nos encontrou na estação em Londres. Ele era um homem corpulento, de cabelos brancos e um jeito amável. Rupert e eu vislumbrávamos a grande cidade de Londres enquanto tio Bertie nos levava de carro para sua casa de campo em Dorset. Tia Rosie nos recepcionou calorosamente e nos mostrou nossos quartos. Para nossa grande surpresa e alegria, lá estava nossa ex-empregada da Áustria, Hanni! Ela agora trabalhava para os Whitehead. Sua presença nos fez sentir à vontade na casa de nossos parentes ingleses, que estávamos conhecendo pela primeira vez. Apesar da aventura de termos viajado sozinhos, Rupert e eu ainda estávamos ligeiramente tímidos.

Tio Bertie alugou bicicletas para nós, de modo que ficaríamos minimamente independentes. Essa parte da Inglaterra tinha pastos ondulados, e nos divertíamos pedalando pelo campo com suas longas cercas vivas, que dividiam os pastos. Talvez para nos dar algo produtivo para fazer, tio Bertie nos inscreveu em aulas de datilografia em uma cidade vizinha.

Rupert e eu vimos mais da Inglaterra quando fomos de carro com tio Bertie para o campo. Seu irmão, Bede, já falecera, mas tio Bertie nos levou para a propriedade vizinha assim mesmo. A viúva de tio Bede ainda vivia lá, com o filho deles. Eles nos convidaram para tomar chá inglês, e depois pediram ao guarda-florestal deles que nos guiasse em um passeio pelos amplos bosques.

O guarda-florestal era um mateiro experiente e sabia exatamente o que os pássaros e os outros animais "diziam" e faziam. Ele nos explicou sobre os vários cantos dos pássaros e demonstrou alguns deles com um pequeno assobio. Enquanto caminhávamos pelos arbustos e bosques, ele parou repentinamente e disse: "Há uma doninha atrás de um coelho por aqui em algum lugar!" Como ele sabia disso? O guarda-florestal nos contou que os pássaros "disseram" isso. Não vimos nada, mas então, após alguns minutos, realmente, o coelho veio correndo, com a doninha em seu rastro. Tamanha era a concentração da doninha em sua presa que ela não nos viu até o guarda-florestal sair atrás dela com um galho. Por ter um bom coração, ele não queria que Rupert e eu testemunhássemos uma batalha entre o coelho e a doninha, que deixou a cena com pressa! Lembro-me daquela caminhada nos bosques como um dos destaques de nossa visita inglesa.

Tio Bertie queria muito que víssemos as duas imagens famosas esculpidas nas encostas de morros pelos fenícios há milhares de anos. Uma tinha o formato de uma cabra; a outra, de um gigante. Uma vez que as montanhas eram de pura ardósia branca, cobertas de capim, essas incisões brancas eram visíveis lá longe, do mar. Tio Bertie nos contou que essas imagens tinham sido como marcos dos marinheiros antigos, da mesma forma que se usavam os faróis nas costas da Europa e da América.

Vimos os campos róseo-purpúra de urzes ingleses em um lugar chamado New Forest. Que vista estonteante! A New Forest era simplesmente uma vasta área de urzes florescentes, com grupos de carvalhos aqui e ali. Havia muita vida selvagem nesse cenário natural; enquanto andávamos por essa área, vimos pôneis selvagens pastando pacificamente na beira da estrada.

Enquanto o sol se punha lentamente no oeste, tio Bertie nos levou de carro por uma subida ligeiramente íngreme na direção de Stonehenge. Lá, com o pôr do sol e o céu vermelho ardente como pano de fundo, vimos o círculo de pedras da Antiguidade. Rupert e eu ficamos boquiabertos, mas tio Bertie explicou com uma voz perfeitamente prosaica: "Ninguém de fato sabe o que é Stonehenge. Alguns dizem que é um local pagão para sacrifícios humanos; outros, que é um calendário antigo construído pelos druidas. Porém, na realidade, ninguém pode dizer com certeza por que foi construído."

Aquele local é um mistério profundo. Não se tem conhecimento de como as imensas pedras foram levadas até lá; aquele tipo de pedra não é encontrada na área. Tio Bertie especulava que as pedras tinham sido transportadas pelo mar. Rupert e eu, no entanto, nos perguntávamos como tal peso poderia ter sido transportado, dada a tecnologia primitiva dos tempos antigos. Não importa como e por que Stonehenge surgiu. Aquele local me pareceu muito impressionante e o admiramos, maravilhados. Mesmo após tantos anos, Stonehenge ainda é um quebra-cabeça fascinante para mim.

Quando Rupert e eu voltamos para Salzburgo, após nossa viagem, era hora de tomar decisões com relação ao ano escolar vindouro. Rupert entraria para a Universidade de Innsbruck. Primeiro, ele estudou para fazer carreira em negócios, seguindo o desejo de *Papá*. Mais tarde ele mudaria para o que realmente seria seu interesse: a medicina.

Um dia, mamãe me chamou à parte e me bombardeou com perguntas sobre o que eu desejava fazer da minha vida. Fiquei totalmente perplexa com suas perguntas. Senti que ela desejava que eu me decidisse logo com relação ao meu futuro sem qualquer orientação. Não estava preparada para fazê-lo; por isso, o momento foi muito doloroso para mim. Nunca me ocorrera que eles esperavam que eu deixasse minha casa para seguir uma carreira. Gostava de línguas e de arte, mas como poderia ter uma profissão com esses interesses, sobretudo porque tinha pouquíssima experiência ou conhecimento de mundo?

Em pouco tempo mamãe tomou a decisão por mim. Já que achava que eu tinha um talento para línguas, ela providenciou para que eu fosse para a França fazer um intercâmbio. Na realidade, eu estava ansiosa por conhecer aquele país. Já sabia um pouco de francês e gostava do idioma. No entanto, pouco antes da data de minha partida, fomos informados de que os planos tinham mudado e a família francesa não poderia mais me receber.

Uma vez que as línguas pareciam ser o caminho a seguir, mamãe sugeriu um curso de intérprete de inglês. Sempre tive interesse pela língua inglesa e possuía familiaridade com ela desde a infância, porque ouvira inglês em Erlhof. Fiz esse curso em Salzburgo, passando com excelentes notas. Imediatamente depois recebi uma oferta de emprego como professora de inglês na mesma escola secundária na qual me graduei. Essa perspectiva me apavorou. Não desejava voltar à sala de aula. Tinha certeza de que ficaria com a língua presa na frente de uma turma de meninas e, então, decidi não aceitar o cargo. Nunca contei a ninguém sobre essa oferta e nunca solicitei meu diploma do curso de intérprete. Achava que se mamãe soubesse que eu tinha o diploma e a oferta de emprego, ela me pressionaria a aceitá-lo. Sentia que não tinha o treinamento necessário para ser professora. Além disso, eu era tão tímida que sabia que não seria capaz de me comunicar em uma sala de aula.

Mamãe providenciou para que eu tutorasse a filha de nosso vizinho, visto que eu não conseguira pensar em uma alternativa. Essa menina de 14 anos de idade, Minki, tinha quebrado a perna em um acidente de esqui. Seus pais eram muito ricos, e a mãe de Minki estava indo para a África fazer um safári. Ela estava deixando as duas filhas, de 14 e 16 anos, em sua casa de campo com o motorista e a cozinheira responsável pelas atividades domésticas. Eu teria que morar lá. Não estava animada com essa atribuição, mas não tinha nenhuma escolha.

Durante meu tempo lá, Minki foi hospitalizada em Viena porque sua perna precisava de tração. Eu deveria ir com ela e tutorá-la no quarto do hospital. Alguns dos parentes de *Mamá* que viviam em Viena me forneceram hospedagem e alimentação.

Enquanto estive em Viena, visitei Gromi em Klosterneuburg, que ficava a meia hora de trem e mais uns 20 minutos andando a pé morro acima. Quando cheguei à casa de Gromi, a mulher de tio Bobby também estava lá. Nós três tomamos chá juntas. Eu era tímida demais para participar da conversa, mas estava feliz por rever Gromi.

O restante desse ano escolar foi passado tentando ensinar a Minki todas as matérias da escola. Fiz o melhor, mas ela deixou de cooperar quando percebeu que eu não tinha conhecimento suficiente para o trabalho. Aos 18 anos, voltei para casa.

De volta ao lar, tive uma ideia do que fazer a seguir. Adorava costurar e precisava de mais ensino. Mamãe me inscreveu na Escola de Economia Doméstica de Salzburgo. Lá, aprendi a modelar uma variedade de roupas, inclusive os *dirndl*, trajes típicos da Áustria, que usávamos. Naquela ocasião, não tinha ideia de que aquilo que eu estava aprendendo se tornaria muito útil mais tarde. Aquele treinamento me capacitou para costurar e fazer roupas para nós, meninas, por muitos anos, inclusive algumas das que usamos no palco.

Eu me interessara também por desenhar e pintar. *Papá* sempre tentara nos encorajar a desenvolver nossos talentos. Enquanto eu ainda estava na escola secundária, *Papá* percebeu que eu gostava de desenhar e contratou um artista italiano que sabia a técnica de pintar aquarelas para me dar aulas particulares. O artista, o Sr. Susat, veio à nossa casa, trazendo os materiais de que precisava para começar. Ansiosa para iniciar as aulas, aprendi como utilizar um lápis para fazer esboços e a usar aquarela com eficiência.

Após alguns meses, o Sr. Susat me pediu para ir até sua casa quando estivesse voltando da escola para pegar um pincel que ele pretendia me dar. Quando contei a *Papá* que eu tinha que parar na casa de meu professor para pegar o pincel, ele disse que eu não deveria fazê-lo. Achando que se tratava de uma sugestão inadequada do Sr. Susat, *Papá* o demitiu. Tenho certeza de que o Sr. Susat não tinha nada impróprio em mente e que somente desejava me dar o pincel, mas *Papá* protegia muito as filhas. Então, fiquei por conta própria no que diz respeito aos esforços artísticos. Tinha uma boa base, no entanto, e estava muito grata pelos importantes ensinamentos do Sr. Susat, que se tornaram uma ocupação vitalícia.

Um dia, mamãe me deu um livro sobre pintura chinesa com pincel. Fiquei impressionada com o fato de que os professores chineses não permitiam que seus alunos pintassem por 12 anos até que tivessem treinado os olhos e o poder de observação. Para imprimir em suas mentes as formas e os esboços dos objetos que valiam a pena ser pintados, eles precisavam estudar sem usar um pincel. Após esse treinamento, eram finalmente ensinados a arte de pintar com pincel.

Quando li sobre esse método, pensei: "É isso que farei", e então dei início a um hábito diário e minha própria técnica de arte. Mamãe sugeriu que eu passasse cinco minutos desenhando um esboço em meu livro todas as vezes em que visse algo de que gostasse. Esboços de árvores, flores, igrejas, paisagens e de meus irmãos e irmãs encheram meus livros. Mais tarde, ainda confiando nas instruções do Sr. Susat, refiz alguns de meus esboços em aquarela.

Anos mais tarde, durante uma turnê pelos Estados Unidos, fomos convidados a visitar um jardim de infância. A professora nos mostrou alguns dos trabalhos de arte das crianças. Fiquei especialmente impressionada com as pinturas com blocos de linóleo que as crianças tinham feito, e pensei: "Se essas crianças podem fazer isso, então eu também posso." Comprei o material de que precisava e comecei a cortar blocos de linóleo e a imprimir o desenho em papel de seda. Mais tarde, usando papel de arte, fiz cartões de Natal e de boas-vindas.

Quando fiquei sem ideias para imprimir blocos, voltei para meu primeiro amor – a aquarela –, e o contemplei! Após minha primeira tentativa, todas as instruções do Sr. Susat voltaram. Pintei uma aquarela após outra. Pintei paisagens, natureza-morta, flores e construções. Esboços, pinturas e impressão de bloco de linóleo se tornaram minha recreação. Fiz todas essas coisas porque gostava.

Embora não percebesse naquele momento, as aulas de arte que recebi, assim como os cursos que fiz de inglês e costura, se tornariam uma excelente preparação para o meu futuro.

10

Aventuras com *Papá*

Papá foi um navegante empolgado e experiente. Durante os anos na Marinha, saía velejando sempre que tinha tempo livre, ao ponto de levar a própria mãe em um veleiro para proporcionar-lhe os benefícios do saudável ar marítimo. Quando nos considerou suficientemente crescidos para desfrutar de um cruzeiro, *Papá* decidiu dar-nos férias especiais no verão de 1932.

Uma vez que a Itália tinha finalmente anulado a lista negra, já era seguro para *Papá* retornar ao seu "antigo território", que chamara de lar durante grande parte da vida. Seu plano era navegar ao longo da costa do mar Adriático para apresentar-nos à área onde vivera desde a infância e onde passara bastante tempo quando estava na Marinha.

O tipo de embarcação que *Papá* decidiu alugar para essa viagem foi um *Trabakel*. Era um cargueiro primitivo e nativo, datando dos tempos antigos, de construção pesada e decorado na parte de cima do casco com faixas de cores brilhantes. As velas grandes eram na maior parte de cor vermelha, laranja ou amarela brilhante. O casco negro era amplo e espaçoso por dentro. Alguns *Trabakels* tinham sido transformados em barcos de passeio turístico durante os quentes meses de verão e poderiam ser alugados por qualquer período. *Papá* alugou o *Archimede* completo, com uma tripulação que falava italiano e consistia de um capitão, um marinheiro e um cozinheiro, que chamávamos de "Cogo", e que também trabalhava como marinheiro.

Um Trabakel

Esperamos essas férias prometidas com grande entusiasmo. Seria um verão maravilhoso, cheio de aventuras e lindas paisagens para serem vistas. O plano era embarcar no *Archimede* em Trieste; fazer um cruzeiro descendo pela costa; visitar Veneza e, depois, retornar a Trieste. Lá, pegaríamos um trem para Pola e passaríamos algumas semanas acampados em uma ilha antes de voltarmos para casa.

Nossas duas pequeninas, Rosmarie e Lorli, ficaram em casa aos cuidados de uma babá para que mamãe pudesse vir conosco. Uma jovem amiga da família, Renate Ross, e um menino de 17 anos, Peter Hanns Paumgartner, foram convidados para irem conosco. *Papá* acrescentou esses dois com satisfação à sua já grande família; nosso grupo totalizava 11 pessoas. O pai de Peter era o diretor da Academia de Música em Salzburgo. Peter estudara italiano na escola, e seu pai esperava que a viagem lhe proporcionasse a oportunidade de praticar a língua recém-adquirida. Peter era excepcionalmente alto, magro e pálido. Para evitar queimaduras de sol ele usava um chapéu de linho branco com uma aba bem ampla. Ele tinha um bom temperamento, mas era muito desajeitado. Parecia que ainda não sabia como coordenar os longos braços e pernas. Entre nós, ele era chamado de "Louva-a-deus".

Visto que o verão no mar Adriático é quente e com pouca chuva, não havia necessidade de carregarmos muitas roupas. Levamos nossos sacos de dormir, redes, utensílios para cozinhar, barcos dobráveis[1] e uma muda de roupa para passeios e para ir à igreja. Com mochilas nas costas, dirigimo-nos à estação ferroviária, que ficava em frente à nossa propriedade em Aigen.

O trem nos levou a Trieste, onde embarcamos no *Archimede*. Assim, nossa aventura começava. As velas vermelhas subiram, e o símbolo orgulhoso de nosso comandante despontou. Olhando em retrospecto, esses símbolos me lembram o dos *hex signs*, uma forma de arte folclórica da colônia holandesa na Pensilvânia. Vagarosamente, a embarcação se distanciou do cais, entrando em alto-mar. A tripulação nos foi apresentada, e por toda a viagem assumiu uma atitude carinhosa e paternal para com seus passageiros – nós. Foi-nos mostrado nosso "quarto de dormir", embaixo, no casco grande e vazio. Penduramos nossas redes e largamos nossas mochilas embaixo delas, mas nunca, na realidade, dormimos lá. As meninas vestiram trajes esportivos, que consistiam de calças compridas e largas, feitas de algodão azul-escuro, e blusas com gola e mangas compridas, feitas do mesmo material. Esses trajes eram semelhantes às roupas esportivas de hoje. Os meninos vestiram calção e camisa branca, os trajes de verão usuais.

O convés da embarcação era grande. Contanto que ficássemos longe das cordas, tínhamos permissão para colocar nossos sacos de dormir onde quer que desejássemos, e para nos movimentarmos livremente pelo navio. A princípio, nossa única ocupação era olhar: olhar aqui, olhar lá, olhar em todas as direções. À medida que nos dirigíamos para o sul, a terra ficava à nossa esquerda, e o mar se estendia à nossa direita. Pequenas vilas de pescadores despontavam, permitindo que ouvíssemos sons agradáveis vindos da terra. Para mim, era uma sensação nova planar sobre a água nesse barco aberto, que era maior do que qualquer embarcação em que já estivera. O ar fresco e límpido tinha o aroma do mar.

As noites eram quentes e mormacentas, por isso, dormíamos no convés em nossos sacos de dormir, em vez de no casco do navio com cheiro de mofo. No convés, podíamos ver as estrelas no escuro céu do sul cintilando brilhantemente. A lua comandava a cena por inteiro. Era possível ouvir a agitação das ondas à medida que batiam contra os lados do barco, compondo sua própria música.

A manhã chegava e com ela uma xícara de café quente com açúcar e leite condensado e um biscoito duro distribuídos por Cogo. Quando o novo dia começava, mamãe organizava mapas, panfletos e livros sobre todas as paisagens que valia a pena ver, construções antigas e museus que podiam ser visitados. Mamãe achava que essa viagem de férias deveria acrescentar algo à nossa educação. Pessoalmente, eu sabia que gostaria de ver os vestígios da civilização romana antiga que eu estudara na escola secundária.

Sempre que íamos à terra, nossa nova mãe nos trazia frutas e o maravilhoso pão italiano fresco para melhorar nossas refeições. Enquanto mamãe estava ocupada fazendo compras, Peter Hanns tentava se comunicar com a tripulação usando o italiano que aprendera na escola. Para seu espanto, ele descobriu que eles não o compreendiam porque falavam um dialeto italiano local, que não era o que ele aprendera.

Em uma tarde de verão bonita, quando estávamos todos no convés admirando o mar com suas ondas resplandecendo sob o sol, alguém gritou: "Homem ao mar!" O chapéu branco de Peter Hanns podia ser visto flutuando na água distante atrás de nosso navio. *Papá* pediu ao comandante que virasse o navio porque alguém tinha caído no mar. Visto que o comandante não sabia como fazer essa manobra, *Papá* rapidamente assumiu o controle da embarcação e, com velocidade máxima, virou-a, velejando na direção do chapéu branco. Peter Hanns foi resgatado e colocado de volta no convés. Ele não sabia como tinha caído na água repentinamente. O fato de ele sempre usar um chapéu branco com a borda grande fora muito bom, pois isso salvara sua vida.

Imediatamente após o resgate de Peter Hanns ancoramos no porto de Zara, a cidade onde *Papá* nascera. Eis um relato do que aconteceu lá, segundo as memórias de minha irmã Maria:

> Observamos uma pequena casa branca na costa. Na frente da casa havia um pequeno iate parado em segurança atrás de um cais, que o protegia da aproximação do mar. Uma ideia brilhante ocorreu a mamãe: "Por que não alugamos essa casa no inverno?", sugeriu, sem sequer saber se ela podia ser alu-

gada. Então, *Papá* e mamãe pegaram o pequeno barco, no *Archimede*, e remaram até lá. Eles bateram na porta e uma senhora respondeu, surpresa por ver dois estranhos. *Papá* sabia italiano e perguntou se ele podia alugar a casa no inverno. Isso surpreendeu a senhora, que respondeu: "Não, desculpem-me, ela não está disponível para alugar." Não tenho certeza da conversa exata que se seguiu, mas mamãe provavelmente usou seu charme. Após consultar sua família, a mulher saiu e disse a *Papá*: "Sim, decidimos que você pode alugar a casa durante o inverno." Então aconteceu de voltarmos para lá em setembro.

Deixamos o porto de Zara para rumarmos para o sul. Mais tarde, naquele mesmo dia, estávamos todos no convés e *Papá* vislumbrou um objeto estranho à distância. Era um barco dobrável, remado por dois homens que se dirigiam para o sul. *Papá* sabia que eles teriam problemas; se continuassem naquela direção, atravessando a fronteira albanesa, corriam o risco de serem detidos e presos como espiões. Outro perigo era a costa, com rochas pontiagudas, algumas das quais escondidas logo abaixo da superfície da água. Um barco dobrável poderia facilmente ser furado.

Papá gesticulou para eles para que se dirigissem ao nosso barco. Eles compreenderam e, ao chegarem perto, *Papá* os convidou para subirem a bordo. Ele descobriu que eram estudantes de Oxford, em uma excursão para a Grécia. Eles pensavam que viajar em um barco dobrável seria econômico e prazeroso. Não tinham ideia dos perigos que os esperavam. *Papá* descobriu que eles não tinham conhecimento da língua grega ou das outras línguas de que poderiam precisar ao viajarem para o sul. Eles disseram a *Papá*: "Se você falar inglês clara e fluentemente, será compreendido em todos os lugares." Essa concepção errônea permanece uma piada em nossa família desde então. *Papá* os convidou para colocarem o barco dobrável no convés do *Archimede* e se juntaram ao nosso grupo até Veneza. Eles aceitaram o convite com gratidão. Nosso grupo de passageiros era agora composto por 13 pessoas!

Após os estudantes ingleses se incorporarem ao grupo, continuamos para Bocche di Cattaro, o porto mais ao sul da Áustria antes da Primeira Guerra. Ancoramos à noite, planejando seguir para Veneza na manhã seguinte. Eu estava ansiosa para ver essa famosa cidade.

À medida que nos aproximávamos de Veneza, surgiu uma forte tempestade. O vento aumentou; ondas grandes se formavam na frente do *Archimede*, e a proa levantava e afundava com elas. Era a primeira tempestade com a qual deparávamos em nossa viagem. Aproximávamo-nos de Veneza com o pôr do sol, e o horizonte estava envolto em névoa. Víamos as agulhas das torres, as cúpulas e as construções como se estivessem atrás de um véu fino. Essa visão imediatamente me transportou para a atmosfera de um reino de conto de fadas.

Chegamos a Veneza um pouco abalados, porém intactos. Embora estivéssemos prontos para andar em terra firme novamente, isso foi difícil, pois há pouca terra firme em Veneza e as ruas são, na maior parte, canais. Como o *Archimede* estava atracado, ele foi amarrado frouxamente por causa das ondas, cujo movimento o aproximava e o afastava do cais. Ele se mexia em um ritmo constante para a frente e para trás. Para desembarcar, era necessário passar da beira do convés diretamente para o cais, e tínhamos que decidir o momento exato de pisar antes de o navio se afastar.

Ao olhar para baixo, eu via a água. Não era de forma alguma como os lagos dos Alpes; mais parecia um monte de lixo líquido, cheio de cascas de melão e outros objetos que tinham sido atirados lá. Quando chegou minha vez de pular do navio para o cais, pulei exatamente uma fração de segundo tarde demais e, claro, não aterrissei no cais, mas no depósito de lixo líquido! Fui para o fundo, entre o casco do navio e a parede do cais. Meu bom vestido de domingo e meus sapatos ficaram ensopados com aquela água de aroma fétido, o que me impossibilitou de ir para a terra. Os membros da tripulação me tiraram da água, e tive que trocar de roupa e pular para o cais novamente. Dessa vez eu consegui!

Para ir a qualquer lugar em Veneza era necessário pegar uma gôndola. Os gondoleiros ficavam na parte de trás, manobrando o barco com um único remo comprido, operando-o com grande habilidade. Eles conheciam cada canal. Por se orgulharem muito de Veneza, desempenhavam o papel de representantes da cidade e contavam sua história.

Excursionar em Veneza valeu muito a pena. Eu me maravilhei com as construções deslumbrantes que ficavam literalmente dentro da água. Vimos a famosa Catedral de São Marcos e alimentamos os pombos na praça em frente! A praça era cercada de todos os tipos de lojas para seduzir os turistas a comprarem uma ou duas lembrancinhas. A fábrica de vidro na ilha de Murano me causou uma impressão especial. Observei o vidro sendo soprado através de métodos existentes há séculos.

Assim que anoiteceu, a cidade mudou. Luzes apareceram ao longo dos canais. Ouvia-se música, e os gondoleiros gritando uns para os outros. As cascas de melão e a água suja foram esquecidas. Sentia-se apenas a atmosfera misteriosa que permeava as noites. Veneza, então, se tornava o lugar da música, do romance e da poesia.

Ao final de nossa excursão, dissemos adeus aos nossos amigos da Inglaterra e embarcamos no *Archimede* pela última vez. Os estudantes nos enviaram uma simpática carta de agradecimento da Inglaterra. Em Trieste, nos despedimos de nossa maravilhosa tripulação e pegamos o trem para Pola, onde nossos equipamentos de acampamento esperavam por nós na estação de frete. O restante das férias de verão passou rapidamente. Acampamos por algumas semanas na ilha de Veruda antes de retornarmos para casa em Aigen com uma abundância de memórias lindas, que duraram a vida inteira.

Ficamos em casa apenas tempo suficiente para nos reunirmos com as duas pequenas, contratarmos duas professoras e uma babá e nos aprontarmos para nossa viagem a Zara naquele setembro, de volta à casa branca que *Papá* alugara para o inverno. Nesse ponto, eu relato uma experiência de que minha irmã Maria ainda lembra com detalhes. A aventura que se segue aconteceu em dezembro de 1932:

O pequeno iate *Alba Maris* veio junto com a casa em Zara. Ele só comportava quatro pessoas para dormir, então *Papá* nos dividiu em grupos para nos levar em passeios. Fui escolhida para a tripulação com *Papá*, mamãe e Martina. Partimos à tarde e chegamos a uma linda baía para passar a noite. Martina, que tinha 11 anos na época, desenhou esboços do cenário. Na manhã seguinte, ansiosas por aquilo que o dia nos traria, içamos a âncora e erguemos as velas. Não demorou muito para avistarmos um barco da patrulha da Iugoslávia, que veio em nossa direção. Aproximando-se do costado do *Alba Maris*, os oficiais da patrulha iugoslava embarcaram e pediram nossos passaportes. Eles também fizeram muitas perguntas. Nessa época, Zara era um porto livre italiano cercado pela Iugoslávia, sendo parte do mar circundante italiano, e o restante, iugoslavo. Uma vez que ainda estávamos em águas iugoslavas, esse oficiais tinham o direito de nos inspecionar. Ao nos ouvirem falar alemão, os oficiais se tornaram bastante amigáveis. O tom deles, no entanto, mudou assim que viram nossos passaportes italianos.

Por *Papá* ser um cidadão de Trieste, que pertencera à Áustria antes da Primeira Guerra Mundial, e fora entregue à Itália mais tarde, nossa família acordou um dia e descobriu que tínhamos nos tornado cidadãos italianos! As autoridades iugoslavas acharam que *Papá* era um espião que usava a família como disfarce. Ao verem a máquina fotográfica, quiseram saber se qualquer fotografia fora tirada, e *Papá* respondeu que não. Os patrulheiros então abriram a câmera para ver se *Papá* dissera a verdade. Embora tivessem ficado satisfeitos porque nenhuma fotografia fora tirada, os esboços de Martina levantaram suspeitas. Por essa razão, eles decidiram que a família teria de acompanhá-los até a base principal deles, localizada em uma ilha que ficava do outro lado das águas de Zara.

Dois soldados com baionetas receberam ordens de embarcar no barco para levar Martina, mamãe, *Papá* e eu para o porto da vila onde ficava a base da patrulha. Desejando mostrar à patrulha que não estávamos com medo, mamãe, Martina e eu começamos a cantar, mas logo fomos solicitadas a nos calar porque o prefeito da vila tinha morrido. No barco, os dois soldados com baionetas vigiavam nossa família, que dormia, assegurando-se de que não escaparíamos. Na manhã seguinte fomos todos levados para a base de patrulha principal. *Papá* foi instruído a acompanhar os soldados. Não sabíamos onde eles o tinham levado.

Mamãe se encheu de coragem e, com o pouco italiano que sabia, persuadiu um dos soldados a levá-la até *Papá*. Mais tarde mamãe nos fez um relato do que acontecera em seguida. Após muita discussão com ela, o oficial vestiu sua capa e luvas brancas e tentou trancá-la em uma sala. Mamãe, no entanto, rapidamente colocou o pé entre a porta e a soleira para impedi-lo de fechá-la. Então, ela agiu como se estivesse muito amedrontada, despertando os instintos protetores dele. Ele finalmente a levou até a prisão. E o que ela viu? *Papá* jogava cartas calmamente com o único presidiário que havia – um assassino!

Finalmente, *Papá* foi libertado e os oficiais da patrulha o conduziram de volta ao *Alba Maris*. Ficamos muito felizes em vê-lo! Porém, a provação ainda não terminara. Os oficiais iugoslavos desejavam que *Papá* voltasse para a base de patrulha para assinar um papel. Certo de que isso era um ardil, disse-lhes para levarem o papel até o barco. Milagrosamente, eles o fizeram! Nesse momento, fomos autorizados a partir. Eu era a encarregada da mecânica a bordo e tentei rodar a manivela da máquina, mas ela não deu partida. Tentei várias vezes. Finalmente, após algumas tentativas, o motor começou a funcionar, e deixamos o porto. O mistério da máquina importuna foi solucionado mais tarde; *Papá* pusera filtros novos nela e se esquecera de perfurá-los para permitir que o combustível passasse por eles. Pouco a pouco, finalmente, chegamos em casa. Certamente, naquele momento, o restante da família na casa em Zara não tinha nenhuma ideia do que acontecera.

Assim termina o relato de Maria sobre sua aventura.

Enquanto *Papá*, mamãe, Maria e Martina tiveram seu encontro com a patrulha da fronteira iugoslava, eu fiquei em casa com Hedwig, Johanna, Rupert, Werner, Rosmarie, Lorli, a babá e as duas professoras. Era véspera de Natal, e eu assava biscoitos. Mais cedo tínhamos tocado cânticos natalinos alegres no toca-discos. À medida que o dia passava e *Papá* e sua tripulação não voltavam, como era esperado, ficamos imaginando o que poderia ter acontecido. Começamos a rezar por sua segurança. Não havia mais nada que pudéssemos fazer. Finalmente, para nosso grande alívio, avistamos o *Alba Maris* à distância.

Quando voltaram para casa, eles nos contaram toda a história apavorante. Então, cantamos "Now Thank We All Our God" [Agradeçamos todos a Deus]. Após tanta agitação, tivemos um maravilhoso Natal juntos e permanecemos na casa alugada em Zara até abril, ocasião em que retornamos para Aigen. Não ficamos na casa em Aigen por muito tempo. Logo *Papá* teve uma ideia para outra aventura.

Em Salzburgo, o festival de música de verão anual reunia amantes de música e artistas de todo o mundo. Por dois meses, sempre em julho e agosto, os entusiastas da música corriam para a cidade, e os hotéis e as pensões ficavam lotados. Alguns visitantes procuravam casas maiores para alugar, nas quais pudessem ficar e entreter hóspedes. Nossa casa em Aigen, nos arredores de Salzburgo, era perfeita para esse fim.

Durante o verão de 1933 *Papá* decidiu alugá-la, com os empregados incluídos, para convidados do festival. Mais tarde constatou-se que os inquilinos eram os proprietários da Weyerhaeuser Lumber Company, dos Estados Unidos. Então, para onde nossa família iria? Era uma época de paz na Europa. *Papá* estava seduzido pela ideia de acampar conosco na ilha de Veruda, perto do litoral da Itália, no mar Adriático.

Veruda fazia parte do território que *Papá* conhecia muito bem de sua juventude. Ao longo da costa do mar Adriático, há cidades e vilas que datam do Império Romano. Em Pola, agora croata, mas um ex-porto austríaco, pode-se ainda encontrar um estádio bem-preservado e outras ruínas dos tempos romanos. Nessa mistura de culturas e populações, *Papá* cresceu. Quinze anos antes, ele vivera e trabalhara lá, defendendo seu país. Ele se familiarizara com o dialcto italiano local e a forma nativa de viver. Essa área mudara após a Primeira Guerra, mas a memória de uma terra de beleza única permaneceu. *Papá* se lembrava dos céus azuis, das brisas suaves do sul e da fragrância doce dos arbustos e das ervas aromáticas reforçada pelo calor do meio-dia. Ele ansiava por nos mostrar esse lugar maravilhoso, que adorava tanto e cujas memórias guardava em silêncio no coração. Ele combinou com um amigo, o Sr. Pauletta, que possuía uma loja de ferramentas em Pola, para acamparmos em sua ilha, Veruda.

Papá tinha encomendado barracas, redes e dois barcos dobráveis de seu primo, que possuía uma fábrica de barracas e barcos na Baviera. Ele especificara que os barcos deveriam ser excepcionalmente fortes; a lona emborrachada deveria ser sete vezes mais forte do que o normal. Cada barco era equipado com duas velas, dois remos, lugar para duas pessoas e um leme.

Quando estávamos devidamente equipados para nossa viagem, *Papá* despachou nossos equipamentos por trem para Pola. Ele seguiu de carro com nossa bagagem, e nós pegamos o trem para Pola. Quando chegamos, atravessamos a pequena distância até a ilha de Veruda em um barco a remo.

A família – os dois pais e os nove filhos – formou uma procissão esplêndida quando chegamos com todos os nossos equipamentos de acampamento. Decidimos acampar no lado sul da ilha, próximo a um grupo de pinheiros jovens, armando barracas, redes, sacos de dormir e outros equipamentos. Essa parte da ilha formava um declive até o nível do mar. A colina inteira era coberta por pequenos arbustos, que os habitantes locais chamavam de "bosco". Por menores que fossem, os pinheiros faziam sombra suficiente para nos proteger do impiedoso sol do meio-dia.

Viver em um acampamento não era uma experiência nova para nós, mas acampar em uma ilha, sim. A única forma de chegar lá era de barco. Podíamos dar a volta na ilha em uma hora; no entanto, não nos sentíamos confinados. Anos antes, Rupert e eu tínhamos imaginado viver em uma ilha e pensado em construir uma jangada. Agora, a ideia se tornara realidade para nossa família, pelo menos durante algumas semanas!

Na parte norte de Veruda, rochedos íngremes despontavam do mar. Somente uma piscina natural escapava das ondas que sempre arrebentavam nos rochedos, o que a tornava um lugar perfeito para nadar e mergulhar. Esse local, bem acima do nível do mar, dava-nos uma vista magnífica do lugar que os monges haviam escolhido para abrigar seu monastério anos antes. De suas ruínas, o Sr. Pauletta construíra uma cabana de verão para sua família. A mulher e as duas filhas passavam lá ocasionalmente os dias de verão mais quentes. A Sra. Pauletta uma vez nos convidou para uma refeição italiana na cabana deles. Ela não apenas a preparou, mas também, a pedido de mamãe, nos mostrou como fazer pratos de peixe especiais.

À noite, contemplávamos as estrelas de nossas redes e ouvíamos as ondas lambendo indolentemente a praia. Do mar vinha o cheiro de algas marinhas secando na enseada arenosa. Lá distante, no mar, as canções dos pescadores chegavam aos nossos ouvidos cansados.

Nas primeiras horas da manhã ouvia-se uma voz vinda do outro lado da baía. "Lattee-e-e-e... Lattee-e-e-e", chamava ela. Depois "Pesch-e-e" e "Calamari...". *Papá* sinalizava que desejava comprar leite e, ocasionalmente, um peixe fresco. Para obter quaisquer outras mercadorias, tínhamos que atravessar de barco. Quando chegávamos à terra firme, andávamos ou pedalávamos até Pola. Aos domingos, a família ia à igreja, lá. Depois, nosso retorno à ilha era adoçado por um cone de *gelato* (sorvete de frutas italiano) sob o sol quente do meio-dia.

Cozinhávamos em fogueiras com panelas que ficavam pretas de fuligem. O sabão não dissolvia na água salgada, então tivemos que encontrar um novo método para lavá-las. Encontramos a resposta na praia. Não uma caixa de sabão em pó flutuando na água, mas conchas rasas, vindas da praia, com depósitos de cálcio. Essas conchas tinham sido deixadas por moluscos marinho. Esfregávamos as conchas para tirar o cálcio e limpávamos as panelas com o cálcio em pó.

Um dia, *Papá* anunciou que tinha vontade de fazer uma viagem pela costa em nossos barcos dobráveis. Hedwig, Werner e eu nos voluntariamos para acompanhá-lo. *Papá* e Hedwig guarneciam um barco; Werner capitaneava o segundo e eu era seu marinheiro. Foi uma viagem inesquecível. Nossos barcos dobráveis deslizavam pela costa do Adriático, e embora estivéssemos cientes do perigo das rochas pontiagudas, que poderiam perfurar as lonas, não tínhamos medo. *Papá* era um excelente marinheiro e conhecia a costa da Ístria e da Dalmácia como a palma de sua mão, ou, como dizem na Áustria: "*Wie seine Westentasche*" (como o bolso de seu colete). Ele conhecia cada ilha pelo nome e cada rocha submersa ao longo da costa. Estava familiarizado com cada baía e até com um córrego de água doce que descia dos rochedos no nível do mar.

Tive a oportunidade de conhecer melhor a personalidade de *Papá* durante nossa viagem. Ele era audaz, mas também cuidadoso quando necessário e calmamente alerta. Suas instruções eram precisas, e ele utilizava seu conhecimento de cada parte dessa área. Werner era igualmente alerta e prestativo. Navegamos em perfeita harmonia, sem qualquer medo ou ansiedade. As águas profundas eram seguras, então ficamos longe das costas escarpadas. Nossa primeira parada foi em uma fonte de água doce. Lá, enchemos nossos cantis com água gelada. Quando o sol se pôs, chegamos a uma baía cercada por rochas altas, que seria nossa parada durante a noite.

Puxamos os barcos para a terra e preparamos os sacos de dormir. Essa não foi uma tarefa fácil, uma vez que a costa estava coberta de pedras do tamanho de grandes batatas. Tivemos que retirar as pedras para tornar a superfície lisa e colocar os sacos de dormir. Enquanto comíamos nossa refeição noturna, uma camponesa com um vestido típico da Croácia carregava um fardo de feno na cabeça enquanto descia as rochas íngremes. Andava ereta, até quando subia o rochedo íngreme do outro lado da praia. Ela nos cumprimentou, e *Papá* respondeu com algumas palavras do dialeto local.

Quando estávamos prestes a nos recolher para dormir, um veleiro ancorou na baía. Para nós, parecia um navio pirata dos livros de história. *Papá* ficou preocupado; acho que imaginou um confronto com aqueles estranhos. Porém, para seu alívio, eles permaneceram a bordo e, pela manhã, o navio já havia partido.

No dia seguinte, a água estava calma, e remamos a maior parte do tempo. No final da tarde chegamos à cidade seguinte, um pequeno povoado à beira-mar de Lovrano. À medida que nos aproximávamos da cidade, vi um grupo de jovens mergulhando das rochas escarpadas nas águas profundas abaixo. Antes de mergulharem, eles faziam o sinal da cruz, o que me impressionou bastante. *Papá* comprou alimentos, mas queria prosseguir, uma vez que a noite estava quente e o mar, ainda calmo.

Na praia, encontramos dois estudantes alemães que se dispuseram a nos rebocar pelo mar adentro. Eles tinham uma lancha motorizada e também se preparavam para partir. *Papá* ponderou: "Esses jovens são confiáveis? Será que são membros da quinta-coluna?" (Adolph Hitler se tornara chanceler da Alemanha no início daquele ano. Jovens simpatizantes eram frequentemente enviados em pequenos grupos para incitar apoio ao partido nazista. Eles se tornaram conhecidos como a quinta-coluna.) Após alguma hesitação, ele aceitou a oferta deles e, num piscar de olhos, estávamos a meio quilômetro mar adentro. Acenamos um "obrigado" para eles e continuamos navegando.

Já estava ficando escuro, e a ilha de Kerso era apenas uma silhueta contra o céu vespertino. O mar ainda estava calmo, e o ar, mormacento. Logo a lua cheia apareceu e as estrelas foram surgindo. Ouvíamos canções vindas dos distantes barcos de pesca enquanto eles acendiam suas tochas para fazer a pesca noturna. Um cardume de golfinhos acompanhava nossos barcos de ambos os lados. Eles pareciam gostar de nossa companhia e não tentaram virar os barcos ou pular sobre eles. Talvez pensassem que nossos barcos fossem algum tipo de golfinho maior.

O vento começou a aumentar, e as lonas que cobriam nossos barcos começaram a vibrar. O vento vinha de trás, e nossos barcos flutuavam sobre as ondas como se estivéssemos surfando. Mais tarde, com uma brisa leve, pudemos partir. Começamos a cantar e aproximamos nossos barcos um do outro para melhor harmonização. Às 2 horas, chegamos a uma pequena ilha que pertencia a um amigo de *Papá*. Era muito cedo para avisar sobre nossa chegada, então levamos os barcos para a terra e adormecemos nos sacos de dormir no cais até o sol nos acordar.

Por volta das 8 horas, nos aventuramos pelo caminho íngreme até a casa do amigo de *Papá*. No café da manhã, ele nos contou que os únicos outros habitantes da ilha eram uma família camponesa croata que criava ovelhas, cabras e tinha um pomar. Todos eles pareciam contentes por viver nesse isolamento esplêndido, longe de quase toda a civilização.

À tarde, ele nos apresentou a essa família camponesa. Eles eram muito amigáveis e nos convidaram para entrar em sua casa. Segundo a tradição antiga, essas pessoas levavam a mesma vida e organizavam suas casas da mesma maneira que seus ancestrais faziam milhares de anos antes deles. Os animais ficavam embaixo, e a família vivia acima do estábulo, ligados a ele por uma escada rústica. O calor do estábulo subia pelas fendas entre as tábuas do piso.

A mãe da família nos mostrou seu único quarto, que tinha camas e alguns móveis simples, entre eles uma arca na qual ela guardava seus trajes de festa. Ela nos mostrou os trajes de suas duas filhas para admirarmos o bordado elaborado que faziam nas horas vagas. Em seguida, insistiu que experimentássemos aquelas roupas. Essa parecia ser a forma de eles agradarem seus convidados. Hedwig e eu não tivemos escolha a não ser vestir aqueles lindos trajes. Eles consistiam em uma longa saia pregueada preta e uma blusa de linho branca, com bordados em torno das amplas mangas abertas e do pescoço. Sobre a blusa se vestia um colete inteiramente bordado. Cada peça de roupa estava imaculadamente limpa. A mulher teve enorme prazer em nos ver usando os trajes das filhas. Depois, devolvemos as roupas para ela.

Ela nos deu um pouco de queijo de cabra especial chamado *buina*. Nós o levamos para a casa do amigo de *Papá*. Ele insistiu para que provássemos, nos dizendo que tinha um sabor maravilhoso. Era doce e macio e tinha uma textura muito agradável e um gosto que lembrava nozes. *Papá*, Werner e Hedwig não tiveram problema em saborear essa iguaria. Apenas para agradar nosso anfitrião, pegamos um pedaço minúsculo. Em geral, não gosto de queijo! No entanto, fui imediatamente convertida. De fato, tinha um bom sabor. Só posso compará-lo ao requeijão, mas era mais gostoso. O amigo de *Papá* também nos deu pêssegos, ameixas e uvas de seu pomar.

À medida que o dia passava, o vento ficava mais forte, formando ondas maiores. *Papá* desejava continuar em direção a Lussin Piccolo, uma pequena ilha onde a viúva de um ex-oficial da Marinha, e Sra. Simonić, administrava e morava em uma pequena pensão. Porém, ao ver que as ondas ficavam cada vez mais agitadas, *Papá* e seu amigo decidiram que não seria seguro continuarmos a viagem. O amigo de *Papá* nos convidou para ficarmos em sua ilha até que a tempestade passasse. *Papá* sabia que estávamos atrasando nossa aventura e desejava comunicar nosso paradeiro a mamãe. Ele enviou um telegrama para Pola, achando que seria entregue em nosso acampamento em Veruda, onde tínhamos deixado mamãe e o restante da família.

Passamos dois dias esperando o vento se acalmar e, no terceiro, isso finalmente ocorrer. Nós então velejamos a noite inteira, chegando cedo ao cais da Pension Simonić. Lá, tentamos dormir algumas horas. Mas, em vez disso, dois policiais italianos tentaram nos prender como espiões! O dialeto nativo de *Papá* e o fato de ele conhecer a Sra. Simonić nos salvaram de um atraso indesejável.

A Sra. Simonić e sua filha, Dori, nos saudaram como parentes que não viam há muito tempo e nos serviram um farto café da manhã. Havia outros convidados na pensão dela, entre eles três estudantes alemães e um jovem que falava italiano. Os três meninos alemães eram seguros de si, sofisticados e, obviamente, simpatizantes do partido nazista.

Após o jantar, eles sugeriram que os jovens fizessem uma caminhada, então Werner, Hedwig e eu acompanhamos o menino italiano e os alemães. Chegamos à praia, que tinha os portões fechados durante a noite, mas, apesar disso, os alemães disseram: "Vamos nadar!" Argumentamos que os portões estavam fechados. "Não importa. Podemos pular a cerca", responderam. "Mas não estamos vestidos com roupas de banho", contestamos. "Não importa. Está escuro e podemos entrar na água sem roupa." Ninguém disse uma palavra até que o menino italiano anunciou: "Isso é contra a nossa religião." Fiquei agradecida pela resposta daquele rapaz! Com um suspiro de alívio, o grupo todo deu meia-volta e retornou para a pensão.

Antes que pudéssemos iniciar nossa viagem de volta para Veruda e encontrar o restante de nossa família, tínhamos que esperar que o tempo melhorasse. Partimos da pensão da Sra. Simonić levando alguns dos seus maravilhosos pães de trigo integral. *Papá* conhecia uma ilha com um farol que ficava entre Lussin Piccolo e Veruda, e nos dirigimos para lá, mas a distância entre essas cidades era grande para ser coberta em um dia. Chegamos ao farol quando uma tempestade se formava. Conseguimos chegar ao cais antes de o primeiro pingo de chuva cair.

A tripulação do farol se perfilou no cais quando chegamos. Gesticulavam e falavam vigorosamente no dialeto local italiano. De repente, um dos homens que servira sob o comando de *Papá* o reconheceu. Todos os rostos se iluminaram, e o comandante do farol nos acolheu. Somente então foi que *Papá* revelou que tinha um vírus intestinal e se sentia mal. Eles lhe deram alguns remédios e nos mostraram um galpão de armazenamento de munição vazio, onde poderíamos passar a noite em nossos sacos de dormir.

Na manhã seguinte, um dos tripulantes nos levou uma imensa jarra de café quente, açúcar, uma pequena lata de leite condensado e biscoitos. Foi uma ótima maneira de acordar. *Papá* já se sentia muito melhor, e partimos renovados. A tempestade durou mais dois dias. *Papá* enviou um segundo telegrama para Veruda para que o restante da família soubesse que estávamos seguros, mas atrasados devido ao mau tempo.

Como tínhamos que esperar para que o tempo melhorasse, aproveitamos para fazer uma caminhada em volta da ilha. O comandante nos mostrou a torre do grande farol, desde a base até o topo, explicando tudo. Ele também permitiu que olhássemos pelo telescópio, o que nos deu uma visão panorâmica do mar agitado. A tripulação tentou nos entreter o quanto pôde. Um dos membros nos mostrou uma minúscula gaivota em sua mão aberta. Os homens nos contaram que no dia em que chegamos eles avistaram nossas velas, mas não conseguiam ver qualquer barco ou pessoas. Seu primeiro pensamento foi de que poderíamos ser espiões. Eles ficaram extremamente surpresos em ver nossos barcos dobráveis, um tipo de embarcação que não conheciam.

No terceiro dia, um barco de pesca foi visto rumando na direção do farol. Ele foi saudado, e quando nos alcançou, *Papá* perguntou em italiano se o proprietário nos levaria de volta até Veruda. "Sim", respondeu, "isso pode ser feito por um preço." Nossos barcos não podiam ser encaixados no convés de seu barco, mas podiam ser rebocados. *Papá* e Werner tripularam os barcos dobráveis, após amarrá-los ao barco pescador. Hedwig e eu tivemos permissão para ficar no convés na viagem de volta.

Finalmente, Veruda apareceu. Porém, quando chegamos, não houve nenhum cumprimento ansioso ou uma recepção alegre para nós. Quando vimos o restante de nossa família, não podíamos compreender o clima sombrio que pairava no ar até mamãe dizer: "Georg, como você pôde fazer isso conosco?"

Papá reagiu: "Mas eu enviei dois telegramas!"

Os telegramas nunca chegaram. A parte de nossa família que tinha ficado para trás sentiu muito medo por não saber se estávamos mortos ou vivos. Mais tarde Maria me contou que ela rezara fervorosamente por nossa segurança quando não voltamos para casa na data prevista.

E, então, nossa gloriosa aventura com *Papá* terminou sem problemas. Apesar das preocupações do restante da família, a aventura foi um dos momentos mais lindos de que me lembro com *Papá*. Foi a melhor apresentação possível da terra que ele amava. Hoje, Veruda é um refúgio da moda, com um hotel e uma ponte para o continente, mas, em nossas memórias, ela continua sendo a "bela adormecida" sob o brilho do sol do mar Adriático.

MOZARTEUM // WIENERSAAL

Samstag, 21. August 1937, 20 Uhr

Der
Salzburger
Kammerchor
TRAPP

(Auguste, Agathe, Maria, Hedwig, Johanna,
Martina, Rupert und Werner von Trapp)

singt deutsche Volkslieder, deutsche,
italienische und englische Madrigale
a-cappella

(J. S. Bach, P. Hofhaymer, M. Reger, Orlando
di Lasso, Cl. Monteverdi, J. Dowland u. a.)

„. . . Eine Erscheinung, wie sie in der a-cappella-Welt noch nicht da-
gewesen ist".

Neue Freie Presse, Wien

Karten von S 16.— bis S 2.50, Stehplatz S 1.— an der Tageskasse der
Salzburger Festspiele in der Bayernbank, Dollfußplatz 3

11

Adoramos cantar

Foi um dia marcante em 1933 quando mamãe nos reuniu para anunciar que todo o dinheiro de nossa família desaparecera. Parece que o banco, que administrava os recursos que *Mamá* herdara de seu pai, falira, e todos que tinham confiado suas economias ao banco, as perderam. *Papá* recebeu essa notícia muito mal. Porém, nós, os filhos, não percebendo as consequências, saímos dançando e cantando por toda a parte: "Nosso dinheiro acabou! Nosso dinheiro acabou!"

A maior parte de nossos empregados foi demitida porque não tínhamos mais como pagá-los. Mamãe nos perguntou se poderíamos assumir as pequenas tarefas domésticas, e prontamente aceitamos. Todos começamos a trabalhar e a nos divertir fazendo nossa comida e tomando conta da casa. Nosso mordomo, Hans, permaneceu conosco, assim como as lavadeiras.

Papá vendeu o lote de terra que possuía próximo a Munique. De vez em quando, *Papá* dava palestras sobre sua vida na Marinha e suas experiências como comandante de submarino. Então havia dinheiro para as despesas do dia a dia. Ao saber que nosso dinheiro tinha desaparecido, nossos parentes do lado de *Mamá* nos enviaram um grande caixote de roupas de segunda mão! A intenção foi boa, mas não tínhamos perdido nossas roupas ou nossa casa, somente o dinheiro que estava no banco.

Mamãe teve a ideia de complementar nossa renda alugando alguns quartos de nossa casa; assim, eu e meus irmãos fomos transferidos para o terceiro andar, para os quartos que eram das empregadas e da cozinheira. Durante o verão seguinte à falência do banco duas jovens – uma inglesa e a outra, francesa –, que pedalavam pela Áustria para aprender alemão, apareceram em nossa casa. Elas se tornaram hóspedes pagantes e também ficaram nossas amigas.

Outro de nossos primeiros hóspedes pagantes foi o professor Dillersberger, um padre que ensinava na Universidade Católica de Salzburgo. Ele trouxe um conhecido para morar conosco também, além de um estudante de folclore e arte folclórica.

Mamãe pertencera ao movimento da juventude de Neuland quando estudante. Algumas de suas experiências mais felizes foram com esse grupo, uma vez que eles vagavam de vila em vila pelas regiões montanhosas da Áustria, descobrindo músicas folclóricas antigas, transcrevendo-as e fazendo arranjos de duas ou três vozes para seu coro. Durante as férias de verão, os integrantes da Neuland se apresentavam nas praças das vilas, e uma vez mamãe convidou o grupo para cantar para nós. Ficamos encantados! Eles nos deixaram ficar com alguns de seus livretos de música, e rapidamente aprendemos aquelas canções. Com toda essa música nova e maravilhosa, nossa família não conseguia parar de cantar. Todas as vezes em que uma música era apropriada, nós a cantávamos. Nenhum livreto ou partituras eram necessários; sabíamos cantar as músicas de cor. Todas as noites após o jantar nos reuníamos por uma hora ou duas para cantar.

Como padre, era responsabilidade do professor Dillersberger rezar a missa diariamente antes de ir de bicicleta para a cidade para dar palestras na universidade. Mamãe sugeriu que transformássemos nossa sala de jantar em uma capela e a sala de música ao lado em uma sala de jantar. O bispo de Salzburgo nos deu permissão para ter uma capela. Aos domingos, entoávamos cantos gregorianos e outras músicas sagradas na missa. Os corais de Bach eram nossos favoritos. O fato era que nossa família tinha precisamente as vozes corretas para cantar músicas de quatro ou cinco vozes. Tínhamos dois primeiros sopranos (Johanna e eu); dois segundos sopranos (Maria e Martina); dois altos (mamãe e Hedwig); um tenor (Werner) e um baixo (Rupert). Imagine nossa felicidade com essa descoberta!

Por ter de se ausentar por algum tempo, o professor Dillersberger enviou em seu lugar um jovem padre, Dr. Franz Wasner, para rezar a missa em nossa capela. Padre Wasner era o diretor assistente do seminário em Salzburgo. Durante a missa, entoamos cantos gregorianos. Mais tarde, no café da manhã, ele fez um comentário sobre um erro em nossa interpretação e nos ensinou a forma correta de cantar aquele trecho. Ao descobrir que padre Wasner conhecia música, mamãe pediu que ele nos ajudasse com algumas das canções de coral que não sabíamos como cantar.

Padre Wasner concordou. Ele estava familiarizado com a música que queríamos cantar e ficou combinado que viria a Aigen aos sábados para nos ajudar. Isso se tornou uma rotina. Ao ver a rapidez com que aprendíamos, padre Wasner nos apresentou à música dos séculos XV, XVI e XVII, e pesquisou músicas novas para nós nas bibliotecas de Salzburgo. Com o grupo Neuland, tínhamos aprendido alguns *yodels* (cantos típicos dos Alpes) lindos, música folclórica e cantos natalinos. Tudo isso compunha um repertório rico, o qual cantávamos simplesmente pela alegria que nos proporcionava. Por coincidência, a grande intérprete Lotte Lehmann nos visitou para perguntar sobre a possibilidade de alugar nossa casa durante o festival de Salzburgo. Mamãe perguntou se poderíamos cantar para ela e, após nos ouvir, Lotte Lehmann nos incentivou a participar de um concurso de *yodel* para grupos de cantores folclóricos em Salzburgo. Ficamos surpresos porque nosso canto era apenas um passatempo familiar pessoal, mas entramos na competição e ganhamos o primeiro lugar. Ainda guardo esse documento comigo.

Como resultado, fomos solicitados a cantar por meia hora em um programa de rádio. O chanceler da Áustria, Kurt von Schuschnigg, às vezes ouvia esse programa. Ao ouvir-nos, perguntou sobre o coro de Salzburgo e soube que era a família Trapp. Ele nos convidou para cantar em uma recepção formal que daria para oficiais de alta patente e suas esposas em Viena. Embora não gostasse da ideia de sua família cantar em público, *Papá* concordou, dizendo que, quando um chanceler nos pedia para cantar, não podíamos recusar.

O coro de nossa família – as sete crianças mais velhas e mamãe, sob a direção do padre Wasner – cantou nosso programa na sofisticada festa governamental no palácio Belvedere, em Viena. Havia programas de outros artistas no mesmo evento. Após nossas interpretações, o diretor do Coro de Meninos de Viena falou entusiasticamente com *Papá*, mamãe e padre Wasner: "Vocês precisam fazer mais apresentações." Houve mais conversas sobre nosso coro, e mamãe perguntou ao diretor o que eles faziam na baixa temporada. Ele respondeu que quando o Coro de Meninos não estava fazendo apresentações, eles administravam um hotel no Tirol. Aquela ideia deve ter impressionado mamãe e permaneceu em sua memória.

Tantas pessoas nos incentivaram a continuar cantando que uma série de apresentações foi organizada para a temporada de 1936-1937. Cantamos novamente duas vezes em Viena e, enquanto nos apresentávamos na sala pequena de concertos, a famosa contralto americana Marina Anderson cantava na sala grande do mesmo prédio. Durante o intervalo, os críticos entraram para ver o que estava acontecendo e quem era aquela família de cantores vestindo trajes típicos. Todos eles pareciam impressionados conosco, e críticas maravilhosas nos jornais de Viena comprovaram essa impressão. Nós fomos chamados de *"das holde Wunder der Familie Trapp"* (o adorável milagre da família Trapp).

Compramos um álbum e colamos todos os recortes nele. Em nossa segunda apresentação em Viena, realizada no Urânia, onde eu vira meu primeiro filme, Gromi e muitos de nossos parentes estiveram presentes. Gromi ficou muito surpresa e feliz de nos ouvir cantar tão bem em coro. Quando retornamos a Aigen, ainda não tínhamos nos dado conta de que começáramos uma carreira musical. Simplesmente continuamos cantando porque gostávamos, e a maior parte de nossa cantoria era a capela.

Todo verão o festival de Salzburgo era uma meca fervilhante para artistas, agentes e plateias. Os empresários musicais invadiam a cidade em busca de novos talentos esperando serem descobertos. Durante o festival de 1937 alugamos o saguão de música de câmara (Wiener Saal) da Academia de Música, o Mozarteum. Após aquela apresentação, empresários de muitos países da Europa Ocidental foram aos bastidores parabenizar *Papá*, mamãe e padre Wasner. Novamente a mensagem foi: "Vocês precisam fazer apresentações. Vocês têm gargantas de ouro." Nossas três figuras de autoridade perceberam que eles precisariam ponderar sobre esses comentários seriamente.

No dia seguinte, uma senhora usando um chapéu alpino com uma longa pena vermelha apareceu em nossa casa em Aigen. Ela se apresentou como gerente de espetáculos na França, madame Octave Homberg, e nos contratou para apresentações em Paris. Mais tarde naquele dia outro empresário nos contratou para apresentações na Bélgica. Em seguida, alguém apareceu com ofertas para a Holanda, Dinamarca, Suécia e Noruega!

Lá estava – uma temporada inteira de apresentações para o Coro da Família Trapp em 1937! Entre nós, debatíamos se deveríamos aceitar essas ofertas, mas ficou bastante evidente que era algo que tinha que acontecer.

Antes de nossa apresentação no Mozarteum, o diretor, professor Bernhard Paumgartner, foi nos ver. Ele nos advertiu de que precisávamos de um nome oficial para nosso coral. Até aquele momento, estávamos nos apresentando com quaisquer títulos inventados pelos empresários austríacos locais, tais como "A Família Trapp Canta"; "Coral da Família Trapp" e "Um Concerto de Coro com a Família von Trapp-Salzburgo". Já que estávamos montando uma turnê pela Europa, o professor Paumgartner sugeriu que chamássemos nosso grupo de Coral de Câmara Trapp de Salzburgo. Esse nome acabou sendo abreviado para Coral de Câmara Trapp. Mais tarde, nos Estados Unidos, ficamos conhecidos por um curto período como Coral Trapp de Salzburgo, nome que logo foi mudado para Coral da Família Trapp e, finalmente, para Os Cantores da Família Trapp.

O professor Paumgartner também sugeriu que acrescentássemos instrumentos ao nosso programa. Três de minhas irmãs já tocavam flauta doce, por terem participado de um acampamento de música nas montanhas austríacas, onde aprenderam a tocar instrumentos de sopro de madeira. A flauta doce, um instrumento antigo parecido com a flauta, que é tocado verticalmente, experimentara um renascimento na Inglaterra. Sua popularidade rapidamente se espalhou pelos países de língua alemã no continente.

O professor pensava que a viola de gamba seria um bom acréscimo às canções da mesma época. *Papá* encomendou esses instrumentos na Alemanha em um conjunto com cinco. Tínhamos planejado acrescentar um quinteto de violas de gamba aos nossos programas, mas somente Werner, que já tocava o violoncelo, conseguiu dominar o precursor do instrumento. As flautas doces, no entanto, se tornaram uma parte charmosa de nossas apresentações.

Nossa turnê pela Europa foi muito bem-recebida e fomos aplaudidos de pé diversas vezes. Em Londres, em dezembro de 1937, fomos convidados para cantar em uma festa realizada na Embaixada austríaca, e a rainha Mary esteve presente. Para nós foi uma honra cantar para ela, mas não chegamos a conversar. Ela nos ouviu, disse algumas palavras simpáticas e depois partiu.

Uma agente autônoma chamada Nelly Walter, que nos ouviu cantar em Viena, insistiu com o amigo dela, Charlie Wagner, dos Estados Unidos, que nos ouvisse durante o fes tival. O Sr. Wagner, um empresário importante da cidade de Nova York, foi até a nossa porta, pedindo para nos ouvir.

Demos ao Sr. Wagner um pequeno recital e, quando terminamos, ele nos perguntou se poderíamos entoar a "Canção de Ninar" de Brahms. Nós certamente podíamos e, ao cantarmos a última nota, havia lágrimas nos olhos daquele homem distinto. Ele explicou que essa era uma canção que o fazia lembrar de sua infância e era uma de suas favoritas. Com aquilo, ele nos ofereceu um contrato para fazermos 14 apresentações nos Estados Unidos, começando no outono de 1938 e se estendendo até o início de março de 1939. Pensamos em Lotte Lehmann, que nos aconselhara a fazer apresentações nos Estados Unidos, dizendo que as plateias de lá eram maravilhosas. "Eles vão adorar vocês!", previra ela.

A princípio, *Papá* ficou cético com relação a sua mulher e seus filhos cantando em público. Afinal, tal conduta não era comum para a família de um oficial da Marinha de alta patente. No entanto, a partir daquele momento, ele nos acompanhou fielmente nas turnês, apoiando assim nossa nova vida nos palcos pelo mundo.

Outra série de apresentações foi organizada na Itália no início de 1938. Quando pesquisamos se haveria a possibilidade de nos apresentarmos naquele país, fomos advertidos pelo cônsul italiano: "Sim, é possível, mas não é possível ter certeza de ser contratado a menos que se tenha sucesso em Milão e Turim. Se gostarem de vocês nessas duas cidades, toda a Itália se abrirá para o seu grupo."

Mamãe gostou da ideia de fazer uma turnê pela Itália porque teríamos a oportunidade de ver a arquitetura esplendorosa e as obras de arte do passado em museus e igrejas. A grande cidade de Roma também era uma atração, por causa de suas ruínas antigas e das catacumbas sobre as quais tínhamos aprendido nas aulas de história, latim e religião.

As plateias de Turim e Milão adoraram nossas apresentações; como previsto, a Itália se abriu para nós. Em nosso tempo livre, visitamos cada igreja, cada museu e cada monumento antigo. Após diversas apresentações, terminamos em Roma com um programa de rádio. Padre Wasner, que estudara em Roma, nos levou a um rápido passeio turístico pelas partes antigas da cidade.

Após três dias apreciando igrejas, monumentos e locais antigos em Roma, mamãe sugeriu que cada um deveria voltar ao lugar que mais o impressionara. Naquela época, os ônibus eram a melhor maneira de andar pela cidade. Embora não falássemos italiano, era suficiente dizer o nome do lugar que desejávamos ir para o motorista. Decidimos ir em duplas. Assim, se nos perdêssemos, pelo menos tínhamos um ao outro. No entanto, essa organização foi quase desnecessária. As pessoas nas ruas de Roma cuidaram de nós! Ao ver alguns de nós entrarem em algum ônibus, eles chamavam nossa atenção para o fato de que outra parte de nosso grupo tinha entrado em um ônibus diferente. Eles o faziam com gestos vigorosos e exclamações altas em italiano.

Como conseguiam identificar que pertencíamos ao mesmo grupo? Por que estavam tão preocupados? Usávamos nossos trajes nativos! Todas nós, meninas, além de mamãe, estávamos vestidas da mesma forma: saias pretas longas com aventais de cores diferentes, casacos e chapéus pretos. Os romanos estavam acostumados a ver trajes de tantas congregações religiosas que presumiram que também pertencíamos a uma congregação. Era como se pensassem: "Aí vêm a madre superiora com as freiras." Alguém deve ter visto os botões em nossos casacos, que tinham uma imagem de São Jorge atravessando um dragão com uma lança, tirada de uma lenda antiga. Por esse motivo, recebemos o nome de "Sorores di San Georgeo" (Irmãs de São Jorge).

Apesar dos esforços dos romanos para nos manter juntos, cada par encontrou seu destino: não o Coliseu, nem uma das grandes igrejas ou os afrescos das antigas casas de banho romanas, nem o fórum, mas o grande zoológico de Roma! Enquanto andávamos do habitat de um animal para o de outro, encontrávamos outros membros de nossa família. "Você também está aqui? E você também?" Todos nós tínhamos visto o suficiente das igrejas antigas e das ruínas. Estávamos em busca de *coisas vivas*. O ponto alto do zoológico foi o aviário, com muitos pássaros de diferentes tamanhos, formas e cores, chilreando, sem se dar conta da perda de liberdade.

No caminho de volta para Roma, fomos contratados para uma apresentação em Assis, a cidade onde São Francisco viveu e fundou sua ordem de frades. Nossa apresentação foi um sucesso. Um madrigal do século XVII, que imitava o cacarejo de uma galinha depois de colocar um ovo, encantou os jovens na plateia. Eles cacarejaram alegremente conosco, para nosso grande deleite.

Após o concerto, alguns membros da família foram até a basílica de Assis, localizada na descida do morro onde ficava a casa em que estávamos hospedados. Enquanto andávamos, um ponto vermelho apareceu no céu acima da cidade de Perugia. Primeiro, parecia que a cidade estava em chamas, mas quando a luz vermelha brilhante se espalhou por metade da vasta extensão do céu vespertino e se dirigiu para Assis ficou claro que era a aurora boreal (as luzes do norte) em todo o seu esplendor. Não fui na caminhada, mas quando eles me contaram sobre o que tinham acabado de ver, saí e fiquei estupefata, captando o último relance do fraco brilho vermelho que permanecia no céu que escurecia.

As pessoas da vila nos contaram que esse não tinha sido um pôr do sol comum. Era um sinal. Em junho de 1914, logo antes de a Primeira Guerra começar, eles tinham visto o mesmo fenômeno, que interpretaram como o prenúncio de uma guerra. Era raro ver tal ocorrência em um ponto tão meridional da Europa. Quando terminamos a turnê pela Itália e voltamos a Salzburgo, as pessoas de lá nos contaram que tinham visto a mesma aurora. Não sabíamos que o brilho lindo que víramos em Assis era, de fato, um prenúncio daquilo que estava por vir.

~ 11 de março ~ de ~ 1938 ~

"Esta é a Rádio Viena:
O chanceler Dr. Kurt von Schuschnigg" (está falando):

"O Exército alemão está em nossas fronteiras! Eu ordeno que não resistam porque a Áustria não tem capacidade de fazê-lo. Resistir criaria nada mais do que um terrível banho de sangue!...."

>>>>>>>>>>>>>>>>>>>>>>

A Sinfonia Inacabada de Schubert foi interrompida por marchas tocadas com pífaros e tambores...............

A Segunda Guerra Mundial começou!

12

A invasão

Dois meses após o término de nossa turnê pela Itália, na noite de 11 de março de 1938, a família toda se sentou para ouvir música no rádio da biblioteca de *Papá*. Às 22 horas, a música foi interrompida por um pronunciamento do chanceler Kurt von Schuschnigg. Mal podíamos acreditar no que ouvimos:

"O exército alemão está na nossa fronteira, com tanques e tropas, pronto para invadir a Áustria." Ele soava perfeitamente calmo. "A Áustria não tem recursos suficientes para impedir a invasão alemã. A resistência em nada adiantaria. Só desencadearia um terrível banho de sangue."

Ficamos aturdidos enquanto a "Sinfonia inacabada" de Schubert começava a tocar. Por um momento todos ficaram em silêncio. Em seguida, o som dos pífaros e dos tambores característicos das marchas nazistas se ouviu no rádio.

A invasão começara, e com ela a Segunda Guerra Mundial. Era véspera de meu aniversário de 25 anos.

Em seguida, ouvimos os sinos da igreja soarem. O som era tão alto que *Papá* ligou para a polícia para descobrir o que estava acontecendo. Para ele, não parecia haver nenhuma conexão entre o que acabara de ouvir no rádio e o som dos sinos da igreja. A polícia respondeu: "Hitler acabou de invadir a Áustria."

Era isso. Porém, qual a razão para os sinos da igreja tocarem à meia-noite? Isso só acontecia em dias santos, como Natal e Páscoa! As tropas invasoras alemãs tinham entrado nas residências paroquiais das igrejas e ordenado que os sinos fossem tocados para saudá-los. Meu aniversário foi celebrado em 12 de março, com presentes, bolo e velas, mas o clima não era festivo. Todos andávamos de um lado para o outro, desanimados.

No dia seguinte antes do almoço, Hans, nosso mordomo e faz-tudo, foi falar com *Papá*. Ele disse ser membro do partido nazista e que deveríamos ter cuidado com o que discutíamos durante as refeições porque ele tinha o dever de reportar para seus superiores tudo o que ouvia. Mesmo no estágio inicial da guerra, podíamos ver e sentir as mudanças.

Naquela tarde, vários de nós pedalamos até Salzburgo para descobrir o que estava acontecendo por lá. Duas pontes para veículos e duas para pedestres atravessavam o Salzach, rio que passa pela cidade. Vimos tropas e tanques alemães em desfile de um lado de Salzburgo, passando pela ponte principal, até o outro lado. Ao nos aproximarmos da ponte principal, vimos que ela estava enfeitada com grandes bandeiras nazistas vermelhas com a suástica preta dentro de um círculo branco. "Como elas foram parar lá da noite para o dia?", nos perguntamos.

Naquela época, quando um membro da família morria, os membros sobreviventes se vestiam de preto por um ano. Em seguida, usavam braçadeiras pretas por mais um ano, como sinal de luto. Para expressar nosso luto pela invasão, fiz aventais com brocados negros e os vestíamos sobre nossos trajes típicos, também negros, em vez de nossos aventais usuais de cores claras.

Logo depois de nossa viagem a Salzburgo, representantes dos nazistas – na realidade, apenas adolescentes em motocicletas – apareceram em nossa porta exigindo que pendurássemos a bandeira do partido em nossa casa. *Papá* lhes disse que não tínhamos uma, mas se eles quisessem ver a casa decorada, poderíamos pendurar alguns tapetes orientais para fora das janelas! Eles voltaram com uma bandeira grande, mas ela nunca tremulou em nossa casa. Para satisfazer as novas autoridades, os Stiegler, que ainda moravam no terceiro andar de nossa casa, fizeram duas pequenas bandeiras nazistas e as penduraram nas janelas deles.

Após a Áustria ser "liberada", como os nazistas chamaram a ocasião, muitas mudanças foram feitas em Salzburgo. Embora apenas superficial, uma das mudanças dizia respeito ao trânsito. As ruas de mão única se tornaram de mão dupla e vice-versa. No entanto, outras transformações mais dolorosas aconteceram: pessoas estavam desaparecendo. Ouvíamos que a força policial nazista, os homens da SS vestidos de preto, chegava às casas no meio da noite e levava um ou vários dos ocupantes sem explicação sobre para onde os estavam levando ou quando retornariam. As crianças em idade escolar eram interrogadas sobre o que os pais discutiam em casa, quem os tinha visitado e quais livros liam. Os pais tinham medo dos próprios filhos.

Histórias circulavam sobre campos de concentração onde os judeus eram torturados, morriam de fome ou por asfixia com gás e eram queimados em grandes fornos. A genealogia era investigada, e se qualquer ancestral judeu fosse descoberto nas gerações mais próximas, a família ou a pessoa era considerada judia e corria o risco de ser detida e deportada. O medo tomou conta de Salzburgo e de toda a Áustria, sobretudo entre aqueles que não eram membros do partido nazista.

Naquela época, nossa família tinha cidadania italiana. Éramos cidadãos da cidade austríaca de Trieste, que se tornara parte da Itália após a Primeira Guerra. Devido a essa circunstância, todos os cidadãos de Trieste automaticamente se tornaram cidadãos italianos e perderam a cidadania austríaca. Ironicamente, um pouco antes do *Anschluss* (o termo nazista para a invasão), Rupert tinha se repatriado para estudar na Universidade de Innsbruck. Mamãe sugeriu que o restante da família também se repatriasse para a Áustria. Porém, ao investigar essa possibilidade, *Papá* descobriu que ficava muito caro para a família inteira dar esse passo: teria custado 500 xelins austríacos por pessoa. Tínhamos perdido todo o nosso dinheiro quando o banco falira, cinco anos antes, e só contávamos com o suficiente para sobreviver por causa dos hóspedes pagantes. Deus estava nos protegendo! A falência do banco teve um lado positivo: ela salvou nossas vidas. Uma vez que naquela ocasião o assim chamado Eixo (a aliança entre Alemanha e Itália) ainda não existia, os nazistas não tinham direitos legais de prender cidadãos italianos, até mesmo se eles não se sujeitassem às ordens ou aos "convites", como eram chamados.

Após a invasão, *Papá* recebeu tal "convite" por carta, ordenando que assumisse o comando de um submarino alemão. Isso, é lógico, significava que ele teria que servir na Marinha alemã. *Papá* se recusou. Então nosso irmão mais velho, Rupert, que tinha terminado seus estudos de medicina na Universidade de Innsbruck, foi solicitado a assumir a posição de diretor médico em um hospital vienense. Visto que todos os médicos judeus haviam partido ou sido deportados para campos de concentração, havia uma escassez de médicos. Rupert também se recusou. Em seguida, a família Trapp foi convidada a cantar em uma rádio de Munique por ocasião do aniversário de Hitler. Recusamo-nos em uníssono.

O regime nazista registrou todas essas recusas. Se tivéssemos permanecido na Áustria, todos teríamos desaparecido em campos de concentração assim que a aliança ítalo-alemã fosse estabelecida.

Algum tempo depois da invasão da Áustria *Papá* e mamãe foram a Munique a negócios. Por curiosidade, foram ver o novo museu de arte. Após visitarem algumas das obras expostas, que tinham sido selecionadas pessoalmente pelo Führer, decidiram almoçar no restaurante do museu. Nesse momento, o que eles viram? Na mesa ao lado, Hitler e seus homens da SS almoçando. Claro que *Papá* e mamãe ficaram observando atentamente o que acontecia. Nessa ocasião, eles viram Hitler em um momento particular. Ele e seus seguidores, longe dos olhos do público, comportavam-se sem inibições, contando piadas vulgares, rindo alto e grosseiramente. Ao voltarem para casa, nossos pais nos contaram sobre essa experiência, que, pudemos ver, os deixara muito perturbados, uma vez que tinham presenciado a "verdadeira face" de Hitler.

Em outro momento, em que por acaso eu me encontrava em Salzburgo com uma de minhas irmãs, foi anunciado que Hitler faria uma aparição em comboio pela cidade. Todos esperavam que o Führer aparecesse na esquina a qualquer momento. Porém, os minutos se transformaram em horas e nenhum sinal de Hitler. Finalmente, após três horas, ele apareceu em seu carro, de pé, ereto para olhar por sobre a multidão. Ele ficou bem reto para que todos pudessem vê-lo e fez um discurso, como era seu costume.

Um espectador nos contou que todas as vezes que sua aparição era anunciada, Hitler chegava atrasado. Ele deixava as multidões em pé, pelas ruas, durante horas, esperando pelo "grande" Führer.

Em agosto, menos de seis meses após a invasão, Hans, nosso mordomo, contou a *Papá* que as fronteiras austríacas logo seriam fechadas. Ninguém poderia deixar o país. Ao nos prevenir, ele acabou salvando nossas vidas. Hans permaneceu leal a nós embora fosse membro do partido nazista. Lembramos dele com gratidão.

Por mais estranho que pareça, mesmo antes de os nazistas invadirem a Áustria, eu tinha um pressentimento forte: se ao menos pudéssemos deixar a casa em Aigen... Por nenhuma razão óbvia, sentia-me oprimida pelo fato de ainda morarmos lá e tinha a esperança de não termos que morar naquela casa por muito mais tempo.

Embora estivesse claro para nós que precisávamos deixar a Áustria o mais rápido possível, dada a advertência de Hans, mamãe procurou a aprovação divina para a mudança. *Papá* convocou todos nós, abriu a Bíblia e deixou que seu dedo caísse em uma passagem aleatória. Em seguida, leu-a para nós: "Agora o Senhor dissera para Abraão: 'Saia de sua terra, do meio de seus parentes e da casa de seu pai, e vá para a terra que eu lhe mostrarei.'" (Gênesis, 12:1, *Bíblia KJV*)

Papá ainda precisava conseguir o consentimento de cada membro de sua família antes de aceitar e assinar o contrato do Sr. Wagner para apresentações nos Estados Unidos. Estávamos sentados ao redor da mesa quando *Papá* perguntou a cada um de nós: "Vocês querem deixar a Áustria e ir para os Estados Unidos?" Cada um respondeu: "Sim, quero."

O primeiro problema a ser resolvido antes de partirmos era o de nossos trajes. Para nossas turnês, adotáramos o traje típico de Salzburgo para resolver um problema muito caro e complicado: o de vestir sete meninas apropriadamente ao mesmo tempo. Obviamente, essa questão não poderia ter sido resolvida com roupas civis, uma vez que obter vestidos da moda para sete jovens de diferentes tamanhos e formas teria consumido muito tempo e dinheiro. Os trajes típicos tinham que ser feitos antes de deixarmos o país, então duas costureiras receberam a encomenda e de fato realizaram algo quase impossível.

No dia em que partimos, tínhamos três conjuntos de roupas: dois para as apresentações e um de viagem. Com aventais de cores diferentes e blusas brancas que fizemos em casa, nosso guarda-roupa estava completo. Os homens vestiam os ternos tradicionais de Salzburgo. Naquela época, o traje nacional das diferentes províncias da Áustria tinha passado por uma renovação e estava na moda, logo, nossa aparência não despertou suspeitas.

Outro problema que precisávamos resolver antes de deixar o país era o que fazer com nossa casa e com a mobília. A solução apareceu. Nas proximidades, em um subúrbio de Salzburgo chamado Parsch, os padres da Boromaeum (uma escola secundária para meninos que aspiravam ser padres) tinham sido forçados pelos nazistas a abandonar a escola. Soubemos da situação deles na hora certa. Quando *Papá* ofereceu alugar nossa casa para os padres desalojados, eles aceitaram, agradecidos. Após pagarem 1 xelim a *Papá*, eles se mudaram para a casa.

Descobrimos mais tarde que os padres não puderam permanecer lá. Os nazistas queriam alugar nossa casa, mas *Papá* lhes disse que já a tínhamos alugado para os padres. Os nazistas ignoraram o acordo, expulsaram os padres e tomaram posse da casa. Ela se tornou o quartel-general de Himmler durante a guerra. Os nazistas construíram um muro ao redor dela, instalaram banheiros adicionais e construíram casas menores no terreno em volta da casa. No final da guerra, os americanos a devolveram para nós, e a vendemos para os Precious Blood Fathers [Padres do Precioso Sangue] em 1948. Na ocasião, conseguimos pagar nossa hipoteca em Vermont com esse dinheiro.

Minha irmã Martina, então com 17 anos, escreveu uma carta para sua amiga de escola Erika Klambauer sobre os últimos dias de nossos preparativos para deixar a Áustria. Erika cortesmente me deu permissão para traduzir e incorporar essa correspondência particular em meu livro.

23 de agosto de 1938

Querida Erika,

Nas duas últimas semanas estivemos muito ocupados. Não tive tempo de agradecer-lhe por sua carta tão amável. Imagine, somente um pouco antes de partirmos é que conseguimos as liras [o dinheiro italiano de que precisávamos]. Ao mesmo tempo, um conhecido[1] nos recomendou uma pequena e linda pensão, não muito distante de Brunico, no vale do Pfuster, no norte do Tirol, Itália. Sabe, estávamos um pouco desanimados porque não sabíamos para onde deveríamos ir.

O Dr. Wasner não conseguiu um visto francês; por isso, não pudemos ir para a França. Além disso, a novidade é que a Itália não deixa cidadãos franceses entrarem no país. Não há, neste momento, nenhuma forma de irmos para a França. Somos cidadãos italianos. Uma pena, não é?!

Queríamos sair de Aigen no sábado, mas na última hora *Papá* teve um ataque de lumbago tão forte que mal conseguiu chegar à cama e se mexer por uma semana inteira, exatamente no momento em que mais precisávamos dele.

Logo depois disso, Lorli teve apendicite e foi imediatamente operada, porque pensávamos que seria melhor fazê-lo agora do que arriscar um ataque agudo no navio ou em qualquer parte da viagem. Ela suportou tudo muito bem, inacreditavelmente séria e tranquila. Agora ela está bem de novo, pula por todo canto como de costume e tagarela tanto quanto antes. Somente de vez em quando, quando cai ou anda muito rápido, ela diz: "Meu corte [incisão] dói muito."

Tivemos que adiar a transferência de nossa vila para o Boromaeum por uma semana. Um quarto após o outro foi esvaziado. Parte da mobília foi levada para o sótão, e as peças mais valiosas foram colocadas em um dos quartos no andar de cima, onde os Stiegler costumavam morar.

Na noite final, cinco de nós meninas dormimos no quarto de nossa ex-cozinheira, Louise. Dormimos em camas de ferro dobráveis. Maria e Johanna dormiram na cabana feita de troncos no jardim. Werner dormiu em uma cama no quarto onde a mobília foi guardada. Somente *Papá* e mamãe dormiram no quarto deles. [Rupert e padre Wasner partiram antes.]

Você não pode imaginar o estado de nossa casa, e – você sabe – tivemos que cozinhar e fazer todo o resto sozinhos, porque Hans e Louise não estavam mais conosco. Porém, *Frau* Mareck e *Frau* Hlavka ainda ajudaram. [Elas lavavam nossas roupas.]

Arrumamos a casa toda, a preparamos e fizemos tudo que se faz quando se aluga uma casa.

Depois fizemos nossas malas e, na sexta-feira, entregamos a casa para os padres.

Almoçamos em um restaurante local chamado Flachner. À tarde, tínhamos terminado quase tudo.

Você sabe o que fizemos depois disso? Fomos para Maria Plain[2] nos táxis de Blecher e Gruenbart.[3] A noite estava agradável e o céu, claro, coberto de estrelas. Estava maravilhoso. A igreja já estava fechada, mas o zelador a abriu para nós e acendeu todas as velas do altar. Lá, recebemos nossa última bênção na Áustria. Maria Plain é realmente linda, sobretudo à noite. Então, comemos algo no restaurante e cantamos um pouco enquanto estávamos no prado próximo aos pequenos santuários, apenas para dizer ADEUS!

Às 6 da manhã de sábado assistimos à missa. Depois, ainda tínhamos as últimas tarefas para fazer, e esvaziamos os quartos nos quais dormimos. Por fim, pegamos as malas e fomos para a estação de trem.

Às 9h30 o trem partiu, e esse foi um sentimento indescritível.

Estávamos totalmente exaustos após todo aquele trabalho. Nunca íamos para a cama antes das 22h30 ou da meia-noite e acordávamos às 6 ou 6h30. Depois, corríamos para cima e para baixo entre o sótão e o porão e íamos e vínhamos de bicicleta entre Salzburgo e Aigen – não foi divertido.

Além disso, você não deve se esquecer, e isso é o pior: seu "tio" Forstner[4] chegou na sexta-feira para inspecionar o quarto dele. Ia ser o quarto do meio, um quarto muito grande, onde Maria e Agathe costumavam dormir, que tem uma tília em frente à janela. Ele, obviamente, não gostou do quarto, porque é assim que ele age, e anunciou: "Não me importo, é tudo igual. Então, agora eu só preciso fazer a mudança para esta casa. Se o armário grande [uma antiguidade] não puder ser retirado, só me resta deixar o meu em casa." Uma casa que ele não tinha mais porque os nazistas a tinham tomado. Ele continuou: "E a árvore: ela não pode ficar. Não tenho utilidade para ela."

Você sabe, acho isso muito estranho, mas os homens são sempre extremamente inábeis e carentes de espírito prático. Não compreendo por que ele não gostava da tília, e os quartos, certamente, eram melhores do que os do Boromaeum, sobretudo o dele, porque eu o conheço. Não devemos nos apegar tanto a coisas terrenas, não acha?

Nunca o vi em um estado de espírito tão negativo, mas naquela ocasião ele estava de muito mau humor, ou – como devo dizer?

Você sabe o que mais eu fiz? Comprei para mim um par de chinelos de palha, exatamente iguais aos seus. Minhas irmãs e irmãos gostaram dele também. De qualquer forma, agora começamos a ficar elegantes. Pena que eu não possa mostrar para você a linda bolsa, os belos aventais e o *dirndl* de domingo com mangas longas. Agradeço a você em nome de toda a família por nos emprestar seu modelo. Foi um grande sucesso.

Aqui estamos agora, sentados em um restaurante do interior muito limpo e aconchegante, em St. Georgen, Itália. Ao redor, há prados, montanhas e pastagens alpinas pontilhados por enormes rochedos. Cavalos e gansos pastam livremente na vila.

O padre é extremamente simpático e confiou-nos uma chave sobressalente da igreja e também uma para o santuário próximo daqui. Podemos fazer nossas orações noturnas lá. Não é maravilhoso?

No próximo sábado devemos cantar na missa na igreja de St. Georgen. Estou ansiosa por esse momento. Você sabe que temos missa todas as manhãs às 7h30. Após o café da manhã, praticamos canto. Às 11 horas, aqueles que tocam flauta doce praticam até a hora do almoço. Após o almoço, cada um de nós faz o que quer, até as 17 horas. Daí em diante, cantamos até o jantar.

Os oficiais da fronteira não permitiram que nossa espineta [um pequeno teclado antigo] cruzasse a fronteira. Nem mesmo quando dissemos que estávamos apenas viajando pela Itália. Foi por isso que *Papá* voltou para Passo Brenner [uma passagem montanhosa entre a Áustria e a Itália], para resolver esse problema com as autoridades.

Apesar de ter chovido até ontem, é muito bonito aqui. Queria que você estivesse aqui! Estou muito surpresa que você não tenha escalado o Gaisberg [uma montanha] novamente desde nossa última excursão.

Hoje, houve um incêndio na chaminé de uma casa próxima da pousada em que estamos hospedados. Felizmente, o limpador de chaminés por acaso estava no restaurante e sabia o que precisava ser feito. Contudo, pareceu bastante perigoso. As portas de ferro da chaminé já estavam vermelhas, em brasa, e, para completar, a casa tem um telhado de telhas de madeira finas com isolamento de palha por baixo. Esse foi um susto de verdade.

Seus pais foram muito gentis e me convidaram para ir a Seeham passar um ou dois dias, mas não posso ficar longe de casa neste momento. Tenho que escrever daqui e torcer para que a carta chegue, porque eu a endereceí para "Seeham, Poste Restante".

Sinto por você ter que aprender francês e pelo café e os melões terem um sabor tão ruim. Aqui temos frutas muito boas. Você já tem uma caligrafia bastante francesa.

Querida Erika, não posso continuar a escrever ou então cometerei mais erros. Espero que você não esteja com raiva de mim por não ter escrito para você por tanto tempo.

Com amor,
Martina
PS: Werner e Rupert enviam seus cumprimentos.

Conforme Martina mencionou em sua carta, foi assim que deixamos nossa casa em Aigen.

No dia seguinte ao que entregamos a casa para os padres do Boromaeum, assistimos à missa das 6 horas. Após o café da manhã, completamos nossas últimas tarefas, depois calmamente saímos porta afora, sem saber se algum dia voltaríamos. Cada um de nós carregava uma mochila nas costas e uma mala grande na mão. Levamos apenas o que conseguíamos carregar. Não escalamos uma montanha, apenas cruzamos os trilhos atrás de nossa propriedade, caminhamos até a estação Aigen bei Salzburg e pegamos o primeiro trem que ia na direção sul, rumo ao norte da Itália. Lá, ficamos hospedados em uma pequena pensão, como Martina relatou para a amiga Erika, até chegar o dia em que tivemos que deixar a vila amigável e a linda zona rural de St. Georgen. Visto que o governo italiano se recusava a enviar a pensão da Marinha de *Papá* para fora do país enquanto ele residisse na Áustria, ele pôde receber muitos atrasados quando fomos para St. Georgen. Foi o suficiente para nos sustentar durante todo o verão e nos levar até Londres. Tínhamos nossos passaportes, nossos vistos, um contrato e passagens para os Estados Unidos. Em março de 1939 nossos vistos expirariam.

Embarcamos no trem para a França pela Suíça, fizemos uma passagem agitada pelo canal da Mancha e, depois, algumas horas de turismo em Londres.

Na sexta-feira, 7 de outubro de 1938, às 15 horas, embarcamos no trem para Southampton, onde o *American Farmer* estava atracado. Ele deixou o porto às 6 horas com 75 passageiros a bordo. Lembro-me de ver a costa rochosa de Land's End à medida que passávamos por aquele marco inglês na luz do entardecer. Foi impressionante. O seguinte pensamento passou pela minha cabeça: "Estamos deixando a Europa e nossa antiga vida para trás!"

13

Chegamos aos Estados Unidos

De manhã cedo, em meados de outubro de 1938, a silhueta de Nova York apareceu no horizonte. Ninguém a bordo do *American Farmer* queria perder o momento emocionante em que entramos no porto de Nova York. Os passageiros estavam alinhados no convés para conseguir os primeiros vislumbres do Novo Mundo. Uma névoa rósea se estendia sobre a cidade, mas os contornos dos edifícios eram facilmente identificáveis. Pela primeira vez vimos os arranha-céus sobre os quais tanto tínhamos ouvido falar. Foi um momento inesquecível quando, após dez dias no mar, vimos a América.

Lentamente, o navio se dirigiu ao cais. Com muita ansiedade, esperamos até que fosse hora de sair do navio que fora como uma casa para nós, assim como para os amáveis passageiros e tripulantes que tornaram os dias no mar não apenas suportáveis, mas também uma experiência maravilhosa.

Alguém do escritório de Charlie Wagner, nosso agente em Nova York, encontrou-nos no cais e se certificou de que todos nós, além de nossa montanha de malas, chegássemos em segurança ao Hotel Wellington. Qualquer um que por acaso esti-

vesse na vizinhança naquele dia teria visto um verdadeiro espetáculo. Havia dez adultos em trajes estranhos com duas menininhas, de 7 e 9 anos de idade. Cada um tinha uma mala grande e uma mochila. Havia três malas grandes para os trajes de concerto, um estojo com a espineta, um estojo diferente para as quatro pernas da espineta, cinco violas de gamba, uma mala para as flautas doces e uma outra para o bebê que estava a caminho. Era difícil acreditar quanta bagagem uma família conseguia reunir. Embora a quantidade de bagagem possa ter chocado o porteiro, de algum jeito tudo aquilo desapareceu e ressurgiu nos quartos certos.

Naquela primeira noite no hotel, antes de irmos dormir, colocamos os sapatos do lado de fora de nossos quartos para que pudessem ser engraxados, como era o costume na Europa. Tínhamos usado os mesmos sapatos durante nossa longa viagem da Itália para Nova York. À meia-noite, o guarda noturno bateu em nossas portas e gritou: "Recolham seus sapatos para dentro do quarto ou amanhã pela manhã eles podem não estar mais aí!" "Ah!", percebemos, "nos hotéis americanos você precisa engraxar os próprios sapatos." Foi nossa primeira lição em solo americano.

O Wellington tornou-se nossa casa por uma semana, até o começo da turnê. Portanto, tínhamos esse tempo para conhecer o bairro e encontrar os lugares que desejávamos visitar. Visto que *Papá*, mamãe e padre Wasner tratavam de todas as questões mais importantes com nosso empresário, nossas responsabilidades incluíam saber as músicas, o que era especialmente importante para aqueles de nós que tocavam flauta doce; manter as roupas limpas e arrumadas e chegar na hora para nossos ensaios. Como o padre Wasner era o responsável pelos pagamentos, tínhamos que estar juntos para as refeições, as quais eram também momentos em que todos podiam ser encontrados.

O Hotel Wellington era um dos lugares na cidade de Nova York em que muitos artistas de além-mar ficavam hospedados até receberem suas programações de apresentações, transporte e dia de partida. De nossos quartos podíamos ouvir os músicos e seus instrumentos. Às vezes, a música que ouvíamos pelo hotel soava como uma pequena orquestra afinando seus instrumentos: aqui um violino; lá uma trombeta; de um outro apartamento, o som de um oboé; e uma clarineta flutuando do poço de ventilação até o pátio. De vez em quando, a voz de um cantor podia ser ouvida, o que acrescentava outra dimensão.

O convento das ursulinas do Brooklyn, administrado por freiras muito gentis, foi recomendado para mamãe como uma escola para as duas meninas mais jovens, Rosmarie e Lorli, para alojá-las enquanto estivéssemos em turnê. Embora elas não tivessem ficado felizes com o esquema, não conhecíamos outro lugar onde poderíamos deixá-las. Lá, elas estariam seguras e não escapariam para um mundo que lhes era desconhecido. Elas aprenderiam inglês e outras matérias até que pudéssemos levá-las conosco novamente.

Na manhã de nossa primeira apresentação, Charlie Wagner nos entregou nossa programação e anunciou que viajaríamos em um ônibus fretado. O nome do motorista era Sr. Tallerie. Foi-nos assegurado que o Sr. Tallerie nos levaria em segurança de cidade em cidade e de saguão a saguão. Ele tinha experiência em dirigir grupos como o nosso, e poderia responder nossas perguntas.

O Sr. Tallerie, que se tornou nosso motorista durante dois anos, era tudo o que o Sr. Wagner nos dissera, e mais. Nunca o esquecerei como nosso primeiro amigo nos Estados Unidos. Um perfeito cavalheiro, de ascendência francesa, sempre educado e cortês, ele parecia estar ciente de suas responsabilidades, não só como nosso motorista, mas também como nosso professor em tudo que fosse americano. Acho que ele se sentia obrigado a educar os recém-chegados aos Estados Unidos, que chegavam com ideias europeias que nem sempre se adequavam à paisagem local. Ele fez um trabalho muito bom. Foi útil de outras formas também, carregando e descarregando nossa bagagem e dirigindo o ônibus com grande estilo. Sua expressão favorita era: "Deixe-me dizer uma coisa."

Nosso ônibus, pintado de azul-real, tinha equipamentos especiais: um total de 32 assentos estofados, agrupados dois a dois, em filas nas laterais; outro assento estofado de uma ponta à outra no fundo do ônibus e uma cama de metal ao longo das últimas duas janelas à esquerda, no caso de alguém precisar se deitar. Mesmo com todas essas opções, os assentos nas janelas eram os favoritos. Do lado de fora do ônibus, em ambos os lados e acima do para-brisa, havia o letreiro "Coral da Família Trapp". Era muito emocionante ver nosso nome oficialmente exposto no veículo no qual viveríamos e viajaríamos durante as semanas seguintes.

Nossa primeira apresentação foi programada para Easton, Pensilvânia. A viagem para lá nos proporcionou nossa primeira experiência nas autoestradas americanas. Achamos extraordinário que o tráfego fosse tão bem-organizado e as estradas pavimentadas. Que diferença ao que estávamos acostumados! Não havia estradas asfaltadas na Áustria naquela época. Alguns trechos eram cobertos por cascalho. Quase todas as estradas tinham buracos onde a água da chuva se empoçava, e não era possível avaliar a profundidade deles, o que tornava as estradas muito perigosas.

As pessoas nos Estados Unidos pareciam totalmente indiferentes a essa maravilhosa bênção de terem autoestradas pavimentadas, marcadas com uma linha de tinta branca no meio – e sinais para controlar o trânsito. Na Áustria, um motorista ficava à mercê dos outros. Ah, os postos de gasolina, que bênção! Eles não serviam apenas para abastecer, mas também para outras necessidades. Ficamos muito impressionados por podermos comprar bebidas lá e pegar mapas gratuitos de qualquer estado. Para o Sr. Tallerie nada disso era novidade, mas para nós era tudo novo e maravilhoso.

Sempre que viajávamos à noite, eu ficava intrigada com as filas de luzes de freio vermelhas à nossa frente e com as luzes brancas vindo em nossa direção na pista oposta. Imaginava como um soldado romano dos tempos antigos se sentiria se pudesse voltar e ver essas filas aparentemente intermináveis de luzes em nossas autoestradas. Essa visão não lhe daria calafrios? Para nós, no século XXI, essa imagem é uma ocorrência diária à qual não prestamos muita atenção; no entanto, nunca deixei de ficar admirada com o trânsito noturno nas estradas dos Estados Unidos.

Mamãe sempre encontrava algo interessante para fotografar, pedindo ao Sr. Tallerie para parar "bem aqui e agora". Ele então dizia sua frase favorita – "Sra. Trapp, deixe-me dizer uma coisa: eu não posso parar aqui!" –, e em seguida fazia um discurso sobre o que ele podia ou não fazer enquanto dirigia a 100 quilômetros por hora.

Às vezes, víamos coisas que nunca tínhamos visto em lugar algum na Europa. À medida que viajávamos pelos Estados Unidos, víamos caixas sobre postes ao longo de toda a estrada e perguntávamos ao Sr. Tallerie do que se tratava. Ele dizia: "São caixas de correio. O carteiro dirige pela estrada, para na frente de cada caixa e coloca a correspondência nelas. Cômodo, não?" No caminho para a Califórnia passamos pelo deserto – a terra dos famosos cactos gigantes. Nunca tínhamos visto essa planta fenomenal, ou mesmo ouvido falar nela. Ao ver um exemplar gigante, especialmente bem-preservado, mamãe pediu ao Sr. Tallerie para parar o ônibus. Ela queria tirar uma fotografia. Claro que todos queríamos ver aquela paisagem incomum. Sentíamos como se tivéssemos sido transportados de volta no tempo, para a era dos dinossauros. Vimos muitos buracos pequenos naqueles galhos imensos onde pássaros tinham feito seus ninhos. Toda a área diante de nós estava cheia de ninhos de passarinhos nos cactos.

Sempre que havia tempo, o Sr. Tallerie nos levava para um lugar interessante, sobretudo quando nossa rota passava pelo local. Por exemplo, a Ponte Natural, uma das maravilhas do mundo, estava localizada no caminho de nossa apresentação na Virgínia. Até mesmo o Sr. Tallerie concordou que deveríamos vê-la. Após estacionarmos, descemos até a garganta que o rio formara ao longo de milhares de anos. No fundo dela encontramos assentos preparados para turistas, de onde podíamos ouvir um órgão "invisível" tocando música suave, como "Carry Me Back to Old Virginny", "My Old Kentucky Home" e outras favoritas. Acima, víamos o arco surpreendente da Ponte Natural e o tráfego na estrada.

À medida que avançávamos mais para o sul, passamos por pântanos de cipreste. Lá, árvores grandes com raízes gigantescas cresciam de dentro da água, e longos filamentos de barba-de-velho pendiam de seus galhos. Uma vez, quando o ônibus parou para um intervalo de almoço em uma dessas áreas pantanosas, *Papá* e Werner não conseguiram deixar escapar a oportunidade de fazer um passeio de barco. Um velho barco a remo estava ancorado à beira da água, "pedindo" para alguém levá-lo para dentro do lago de ciprestes. Surpreendentemente, um remo tinha sido deixado dentro dele. Se *Papá* não podia ter o mar, até um lago no qual os ciprestes cresciam satisfaria o profundo desejo por aquilo que era então apenas uma memória para ele. Um capitão do mar sempre anseia pelo mar.

Continuamos pela longa estrada, que passava pelo Alabama, Mississippi e Louisiana. Em um desses estados, vimos algo muito estranho. Ao longo dos lados direito e esquerdo da estrada havia sinais espaçados de forma que os motoristas pudessem lê-los claramente enquanto dirigiam. Num desses, lia-se: "The Flowers Bloom, the Grass Is Riz, Where Last Year's Drunken Driver Is! BURMA SHAVE" [As flores florescem e a grama cresce lá onde está o motorista bêbado do ano passado! BURMA SHAVE.]

Para nossa grande consternação, outra mensagem que estava afixada ao longo da estrada dizia "Jesus salva". Não conseguíamos entender como alguém poderia colocar essas palavras sagradas, que deveriam estar em uma igreja, na beira da estrada. Novamente, o Sr. Tallerie tinha a resposta. "Aqui no sul", disse ele, "os cristãos acreditam em compartilhar sua crença com os motoristas inocentes. Eles acham que as mensagens dão aos motoristas algo para pensar. Além disso, este é um país livre, e qualquer um pode dizer o que quiser, onde quiser e quando quiser."

Outro choque foi uma gigante garrafa de leite na beira da estrada. O Sr. Tallerie teve que parar o ônibus e dar marcha à ré para que mamãe pudesse tirar uma fotografia dela. Que novidade! Enquanto mamãe tirava a foto, peguei meu caderno de esboços para eternizar em lápis e tinta aquele objeto, que era para mim algo horrendo e desengonçado. Não foi somente o tamanho gigantesco da garrafa de leite que nos impressionou, mas também a audácia de quem quer que a tenha colocado lá. Imagine arruinar a linda paisagem com um objeto tão abominável. Acima da garrafa havia um anúncio: "Creme à sua disposição – Ohio Cloverleaf Golden Jersey Milk – ajuda Toledo a crescer!" Embora tivéssemos visto outras coisas que nos perturbaram ao longo da viagem – como árvores mortas que não tinham sido cortadas, grandes pedaços de madeira pela estrada e maçãs que não foram colhidas –, nada conseguia se equiparar à gigantesca garrafa de leite.

Com relação à madeira morta, eu pensava: "Qual é o problema do povo americano para não tomar conta dessas coisas?" Na Áustria, as senhoras pobres têm o privilégio oficial de recolher a madeira morta na floresta. Elas a recolhem e amarram cada pequeno galho e broto e os levam para casa para usar na lareira durante o inverno, ou os vendem para serem usados como lenha. Por que o povo dos Estados Unidos joga fora toda essa lenha boa e frutas maduras?

Novamente, o Sr. Tallerie tinha a resposta para esse problema que nos parecia um desperdício incompreensível: "Deixe-me dizer uma coisa. Este é um grande continente. Não há pessoas suficientes para embelezar a paisagem. Quem vai querer toda essa madeira morta ou essas maçãs azedas debaixo das árvores? Além disso, as coisas que estão espalhadas por aí não valem o dinheiro que custaria para retirá-las de lá."

Outra lição aprendida! Nos Estados Unidos não é como na Áustria; trata-se de outro continente: a América, onde fazemos as coisas de forma diferente! O Sr. Tallerie tinha uma boa índole e sempre realizava nossos desejos quando possível. Acho que ele gostava de nós; lembramos dele com carinho.

Nossa primeira apresentação foi a mais difícil. Um programa típico em dezembro de 1938 incluía as seguintes obras, entre outras: "Sonata em trio para flautas e baixo contínuo", de Telemann; "Fantasia em dó maior", de Handel; "Es ist ein Ros entsprungen", de Praetorius; e "Ave-Maria", de Mozart. Embora soubéssemos nossa música de cor, ainda tínhamos dúvidas se as plateias americanas gostariam ou não de nossas apresentações. Porém, as plateias eram muito educadas. A partir do momento em que começávamos a cantar, o silêncio se

instalava entre os espectadores. Em uma cidade rural, no entanto, o silêncio não foi quebrado nem mesmo por aplausos. Achamos que eles não tinham gostado de nossa música até que o empresário local explicou: "Eles não sabem como agir em apresentações como essa."

Mamãe estava grávida, o que deveria permanecer um segredo. Todos os dias nos preocupávamos que o bebê pudesse nascer prematuro. O balanço do ônibus ou o ruído ensurdecedor da locomotiva nos trilhos que passavam perto do nosso hotel à noite era suficiente para deixar toda a família arrepiada. Mamãe passou a noite bem? Ficávamos também preocupados com os buracos ou as pedras grandes em um trecho da estrada em construção. Ainda nos preocupávamos, embora a família inteira rezasse fervorosamente a Deus para proteger mamãe e nosso novo bebê.

Por volta do Natal, Charlie Wagner descobriu, para seu desalento, que havia um bebê a caminho. Ele cancelou as apresentações restantes. Não tínhamos mais renda, nenhum lugar para ficar e apenas três meses a mais nos Estados Unidos antes de nossos vistos expirarem.

Nesse apuro tremendo, o professor Otto Albrecht, um amante da música que nos ouvira no Museum of Art, na Filadélfia, veio em nosso socorro. Ele procurou e achou uma pequena casa para alugarmos em Germantown, na Pensilvânia.

Lá, em meados de janeiro de 1939, para nossa grande alegria e alívio, Johannes nasceu.

Mamãe prometera a Deus que se o bebê nascesse saudável e com todas as suas faculdades intactas ela o levaria ao santuário próximo a St. Georgen, na Itália, em agradecimento, onde esperamos por nossa primeira passagem para a América. Agora, ela cumpriria sua promessa.

Quando nossos vistos expiraram, em 4 de março de 1939, embarcamos no navio de cruzeiro francês *Normandie*. Era o navio mais luxuoso e elegante imaginável, o único que partia para a Europa em 4 de março com espaço suficiente na classe turística para nossa grande família. Era tão grande que podíamos nos perder tentando encontrar nossas cabines. Recebemos um passe que nos permitia andar por toda a imensa embarcação. Além disso, o capitão providenciou para que fizéssemos uma apresentação durante a viagem.

Nossa primeira apresentação foi programada para 12 de março em Copenhagen, na Dinamarca. Não tínhamos muito tempo para chegar lá, mas conseguimos. Passamos aquela primavera nos apresentando em países escandinavos. Os habitantes de lá foram muito amigáveis e prestativos. Ainda me lembro de uma senhora em Copenhagen que nos viu carregando o bebê Johannes por todo lado e insistiu em nos emprestar um lindo carrinho de bebê.

Em junho, passamos pela Holanda. Lá, o presidente da linha aérea KLM, Sr. Menton, e sua mulher nos convidaram para ficar na casa de hóspedes ao lado da linda casa deles e planejaram uma apresentação privada para seus amigos e conhecidos. Passados vários dias, ele nos levou para uma pequena cabana agradável nas dunas, que era a casa de verão da família. Durante essas semanas maravilhosas, compartilhamos as tarefas domésticas, praticamos nosso repertório e ficamos livres para fazer o que desejássemos nos momentos ociosos. Fiz alguns esboços dos membros de minha família realizando as tarefas domésticas, assim como de algumas das paisagens das dunas.

Uma vez que era permitido aos refugiados ficar somente um determinado número de semanas em um país não ocupado, tivemos que nos mudar em julho, e nos dividir. Padre Wasner e Rupert não voltaram para a Áustria, mas esperaram em uma cidade francesa na Alsácia-Lorena. *Papá* e mamãe, com Johannes, voltaram para St. Georgen, na Itália, para agradecer no pequeno santuário, na colina que ficava atrás da estalagem onde nos hospedamos no verão anterior. Werner e as meninas voltaram para a Áustria, para ficarem com parentes; dois dos primos de *Mamá* nos receberam.

Por não termos nenhuma apresentação programada em julho, decidi fazer uma viagem de bicicleta para visitar alguns outros parentes de *Mamá* em suas casas de verão próximas a um lago de montanha. Tinha ouvido falar sobre a beleza desse lugar e queria vê-lo. Ao longo do caminho fiz esboços da região campestre, da mesma forma como eu fizera na Escandinávia. A paisagem excedeu minhas expectativas; enchi as páginas de meu caderno com desenhos, e ainda os tenho. No primeiro dia, ao entardecer, parei em uma estalagem do interior para passar a noite. Percebi que precisava de lençóis limpos e, vencendo minha timidez, pedi os lençóis; eles me foram dados junto com uma desculpa esfarrapada.

No dia seguinte, saí novamente de bicicleta e, no meio do nada, um de meus pneus furou. Enquanto empurrava a bicicleta montanha acima, imaginando se precisaria andar o restante do caminho, um fazendeiro idoso que vinha de bicicleta parou para perguntar se podia me ajudar. Respondi: "Sim, meu pneu está furado. O senhor pode me dizer onde posso consertá-lo?" Ele disse que tinha algo para consertar pneus, e não foi preciso muito tempo para o pneu ficar tão bom quanto um novo. Agradeci, e estava prestes a continuar meu caminho quando ele me convidou para passar a noite em sua casa. Recusei educadamente e lhe disse que queria chegar à casa de meus parentes antes de escurecer.

Quando finalmente cheguei à casa deles, fui recebida por duas senhoras, que ficaram surpresas em me ver. Elas não eram os parentes de que me lembrava, então me apresentei e elas me convidaram para entrar, mas não foram muito amigáveis. Elas pareciam não querer compartilhar sua comida comigo, sobretudo a manteiga. Na manhã seguinte elas me colocaram para trabalhar tomando conta de suas duas netas. Senti que eu chegara sem ter sido convidada e na hora errada. Nunca me ocorrera escrever para elas antes para perguntar se uma visita seria conveniente! Sempre vivemos como um grupo familiar, e nossas figuras de autoridade tomavam todas as providências por nós. Nunca me ocorreu que eu precisasse providenciar os preparativos. Só pensava que meus parentes ficariam felizes em me ver. Como eles poderiam ficar felizes se nem mesmo sabiam quem eu era?

Não tendo me sentindo bem-recebida lá, decidi partir no dia seguinte, mas dediquei algum tempo para fazer esboços da casa, a qual ficava na base de um penhasco íngreme. Dois menininhos camponeses se aproximaram para ver o que eu estava fazendo e me pediram para desenhar seus retratos. Fiquei feliz em atendê-los, e os meninos ficaram encantados com a semelhança dos desenhos. No caminho de volta, enchi outro caderno de esboços. Apesar da atitude das duas senhoras, lembro dos acontecimentos como uma aventura muito prazerosa.

A casa de Meran em Grundlsee

Trinta e cinco anos depois, converti alguns dos esboços dessa viagem em aquarelas e as expus em uma galeria em Reisterstown, Maryland.

No final de julho a família toda deveria se encontrar em Amsterdã, na Holanda; graças a Deus, conseguimos. Nosso ex-empresário na Suécia tinha organizado mais apresentações lá, assim como um lugar para ficarmos em uma das pequenas ilhas no sul do país. Vivemos em pequenas cabines em um antiga fazenda com uma casa central, que servia de sala de jantar para os convidados. Naquele clima, todas as árvores frutíferas estavam carregadas de frutas maduras. Nas árvores antigas cresciam cerejas, maçãs e peras. Além disso, cresciam também morangos, amoras e mirtilos – todos amadureceram ao mesmo tempo e estavam prontos para serem colhidos.

Acabou sendo um dos verões mais prazerosos que já passamos. De alguma forma, *Papá* fez com que nossos dois barcos dobráveis, que usamos na ilha de Veruda, fossem enviados para essa ilha. Fizemos pequenas excursões com eles pelo lago, mas tínhamos que estar de volta a tempo para os ensaios. *Papá* também alugou bicicletas, de forma que pudéssemos pedalar pela ilha e descobrir todas as coisas interessantes, as quais permaneciam intocadas, dos tempos dos *vikings*. Lá, novamente, tive tempo para fazer esboços.

Na casa principal, ouvíamos as notícias internacionais sendo transmitidas pelo rádio. Certo dia, ouvimos a notícia chocante de que Hitler tinha começado sua *blitzkrieg* na Polônia. Daí em diante, pelo menos um membro de nossa família estava sempre na escuta. Hedwig chegou a manter um diário dessas notícias. Depois disso, nosso empresário sueco ficou nervoso por causa da possibilidade de ter que se alistar no Exército e cancelou diversas apresentações que tinha organizado. Nossa última apresentação foi realizada em Karlskruna, na Noruega, após a qual cruzaríamos o oceano novamente para uma segunda turnê pelos Estados Unidos tendo como empresário Charlie Wagner. Em todos esses países europeus, nossas apresentações duravam duas horas e tinham um intervalo. Cantávamos música sagrada séria e madrigais dos séculos XVII e XVIII em inglês, italiano e alemão na primeira parte do programa; músicas folclóricas constituíam a segunda parte. A resposta da plateia era impressionante – aplausos de pé e pessoas correndo para os bastidores após as apresentações para nos dizer o quanto tinham adorado. As críticas foram escritas por pessoas que entendiam de música, e o que elas diziam ia muito além de nossas expectativas. Elogiaram nossas apresentações nos mínimos detalhes. Agora, após mais de 60 anos, fico impressionada pelo alto louvor que os críticos de música que escreviam para os jornais nos deram. As críticas foram excelentes, sem exceção, em todos os países: Áustria, França, Bélgica, Suécia e Noruega.

Após uma de nossas apresentações em uma igreja sueca do século XIII, que ficava em uma pequena cidade, o pastor saiu da igreja quando partíamos para abraçar o padre Wasner e nos agradecer emocionado pela maravilhosa música que acabara de ouvir.

De Oslo partimos no *Bergensfjord*, um navio de transporte de tropas que fora adaptado para carregar passageiros, tendo sido o último navio que partiu da Noruega levando refugiados para os Estados Unidos. Por Charlie Wagner ter demorado a reservar nossas passagens, tivemos sorte de nos terem sido concedidas as últimas cabines disponíveis, localizadas no convés mais baixo do navio. Isso significou uma viagem mais calma, pois o convés mais baixo balançava menos. Havia o número exato de cabines para acomodar nossa família, assim como uma para o padre Wasner e uma para Martha, uma ex-colega de Maria, que tomaria conta de Johannes.

Ao chegarmos no porto de Nova York, em 7 de outubro de 1939, após uma tranquila travessia, um dos oficiais da alfândega ficou desconfiado por causa de um comentário inocente que mamãe fez para ele sobre querer ficar nos Estados Unidos para sempre. Rupert foi autorizado a deixar o navio porque ele tinha conseguido um visto de imigrante. O restante de nós, no entanto, tinha somente visto de visitante para seis meses, e fomos levados para Ellis Island. Naquela época, essa ilha ainda era uma instalação para detenção de estrangeiros no porto de Nova York. Os oficiais da alfândega subiam nos navios que chegavam d'além-mar, detinham qualquer pessoa ou grupo de pessoas suspeitas e os levavam para Ellis Island. Os documentos eram analisados em detalhes, e as personalidades, avaliadas. Havia um médico encarregado de separar os saudáveis dos doentes e detectar quaisquer enfermidades contagiosas. Esses oficiais tinham uma grande responsabilidade, a qual levavam muito a sério. Tendo lidado com criminosos e trapaceiros, eles tinham uma atitude severa, rígida e profissional para com os recém-chegados. Disparavam uma sequência de perguntas diretas e inesperadas. Se as pessoas não respondessem satisfatoriamente, podiam ser presas.

Quando mamãe deixou escapar que gostaria de ficar para sempre nos Estados Unidos, nossa família toda se tornou suspeita aos olhos das autoridades alfandegárias. Assim, enquanto conferiam nossas credenciais, ficamos detidos por vários dias em Ellis Island. Foi uma experiência e tanto para nós, que nunca tínhamos visto o interior de um campo de detenção.

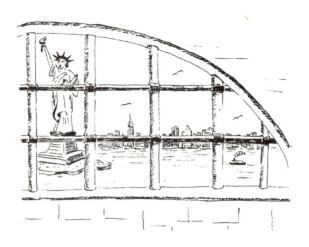

Fomos conduzidos por um corredor estreito, que parecia necessitar de uma boa limpeza e uma camada de tinta. Na realidade, as instalações como um todo precisavam ser reformadas. O lugar todo era muito sombrio. Os rostos dos oficiais e dos guardas eram taciturnos, e não conseguíamos detectar até mesmo um sorriso oculto ou o menor sinal de compaixão. Tudo era feito de uma forma fria e séria. Qualquer conversa era muito direta e sem rodeios. Em um interrogatório especial, mamãe respondeu a todas as perguntas com sinceridade, mas ao final de duas horas de questionamentos os oficiais lhe disseram: "Não acreditamos em você."

Após nos registrarmos, fomos conduzidos a um grande saguão onde todos os detentos tinham que passar as horas do dia. Lá havia diversos grupos de pessoas amontoados. Alguns estavam simplesmente sentados no chão; outros, em bancos, sem fazer nada. Próximo a nós, vimos um grupo de orientais, obviamente uma família; eles penteavam o cabelo uns dos outros e catavam piolhos. Ninguém conversava. Não nos era permitido falar com nossos "companheiros de prisão" sobre nosso caso, mas os entretivemos com nossa música.

O refeitório era grande e tinha mesas longas organizadas em filas. O ambiente parecia uma sala de espera de uma estação ferroviária do início do século XX. As paredes não tinham qualquer obra de arte para elevar o espírito. A comida era servida em grandes pratos de lata. Possivelmente, aqueles pratos tinham visto os rostos dos primeiros imigrantes.

Nossa mesa ficava próxima da ocupada pelo grupo de jovens chineses. Eles já estavam há dois anos em Ellis Island, não lhes sendo permitido entrar nos Estados Unidos. Eles marchavam em fila para dentro do refeitório o mais rápido que podiam, se sentavam, pegavam o saleiro e o pimenteiro e, para melhorar o sabor da ração diária, despejavam em abundância sobre sua porção de arroz o único tempero disponível. Eles não pareciam tristes, mas, obviamente, estavam famintos.

Após o almoço, era permitido sair para o pátio durante meia hora. Um guarda nos acompanhava e nos contava, na saída e na entrada. Embora fôssemos proibidos de entrar em determinadas áreas, não havia celas ou grades, como nas prisões de verdade. Tínhamos permissão para andar livremente, sem algemas.

Os dormitórios masculino e feminino ficavam no andar de cima. As luzes permaneciam acesas a noite inteira, e um guarda passava diversas vezes à noite para conferir se cada pessoa estava na cama. *Papá*, padre Wasner e Werner tiveram que ficar no dormitório masculino. Mamãe, o bebê, e nós, meninas, fomos destinadas para o mesmo dormitório. Ninguém mais ficava conosco. Mamãe perguntou se podíamos dormir com as luzes apagadas. Por causa do bebê, o pedido foi atendido pelas autoridades. Conseguir que as luzes fossem apagadas foi um grande alívio. No entanto, tínhamos pena de *Papá*, de padre Wasner e de Werner, que não podiam desfrutar desse conforto. Rupert trabalhava incansavelmente para conseguir ajuda para nos libertar. Após três dias e meio sem saber se seríamos enviados de volta para Southampton, nosso grupo inteiro foi libertado com a ajuda de gentis amigos americanos que nos conheceram no ano anterior e testemunharam em nosso favor. A ocasião foi alegre! Até mesmo aqueles refugiados deixados para trás se juntaram para celebrar e aplaudir de forma abnegada. Embora nossos dias em Ellis Island tenham sido muito humilhantes, sobretudo para mamãe, que causara nossa detenção, recebemos grande publicidade por termos ficado detidos lá. Nosso empresário não se importou nem um pouco com aquilo!

No final de nossa segunda excursão, a *blitzkrieg* de Hitler na Europa já estava no auge. Um país após outro passou sob o rolo compressor do ditador, e refugiados daqueles países receberam permissão para permanecer nos Estados Unidos. Após nossa última turnê sob o comando de Charlie Wagner, tivemos a sorte de sermos aceitos pela Columbia Concerts, sob a administração de Freddy Schang.

Uma surpresa maravilhosa nos aguardava um dia após nosso retorno dessa turnê. O Sr. e a Sra. Drinker, que tinham uma linda propriedade em Merion, na Pensilvânia, e que nos ouviram cantar, nos ofereceram uma casa temporária do outro lado da rua onde moravam. Eles sabiam que não tínhamos nenhum lugar para morar após a temporada, e quando a mãe do Sr. Drinker, que vivera na casa, morreu durante essa turnê, eles pensaram em nós.

O Sr. Drinker era um advogado e um apaixonado por música que dirigia seu próprio coral de amantes de música. Ele fez uma saleta de concertos em sua casa para acomodar seus cantores. Lá, eles se reuniam para noitadas de criação musical da mais alta qualidade. Com grande entusiasmo o Sr. Drinker conduzia corais e cantatas de Johann Sebastian Bach e outros compositores daquele período. Ele era tão fascinado pela música de Bach que decidiu traduzir todas as suas cantatas para o inglês.

Uma vez que ele não falava alemão, é possível que o Sr. Drinker tenha usado um dicionário para suas traduções, o que deve ter sido bastante difícil e demorado. Do nada, por assim dizer, surgiu um grupo de pessoas que cantavam as músicas de Bach e cujo condutor sabia falar ambas as línguas – e essas pessoas não tinham lugar para ficar.

O Sr. Drinker nos propôs um acordo: podíamos morar de graça na casa agora vazia que ele possuía se padre Wasner o ajudasse com a tradução durante a nossa baixa temporada, e se pudéssemos ir ocasionalmente cantar para seu coral. Naquele momento, dois músicos encontram um ao outro, e nossa família não precisou se preocupar com o lugar onde viveria. Coincidência? Nada disso!

"É assim que as garotas devem estar no palco!"

A reação de mamãe

14

Na estrada como os Cantores da Família Trapp

Em 1940 a Columbia Concerts, Inc., de Nova York, assumiu a tarefa de empresariar nossas turnês. Freddy Schang se tornou nosso empresário pessoal; ele nos guiou e nos apoiou nos 16 anos seguintes. Após o ensaio, Freddy fazia muitas sugestões. Primeiro, disse que precisávamos mudar nosso nome de Coral Trapp para Cantores da Família Trapp. Ele achava que o novo nome teria mais apelo público e enfatizaria que éramos uma família, não apenas um grupo de cantores. Concordamos entusiasticamente com a mudança. *Coral* era muito limitado e soava sério demais.

Sua próxima sugestão não teve a mesma sorte. Freddy teve a audácia de sugerir que as meninas da família usassem sapatos de salto alto no palco! Todas nós protestamos, e mamãe foi enfática com relação a essa questão. "Nossas filhas não foram criadas para usar saltos altos e elas não conseguiriam andar neles. O que vestimos faz parte de nossos trajes típicos. Além disso, os saltos altos são ruins para os pés!", foram seus argumentos. Freddy cedeu. Tivemos permissão para usar nossos próprios sapatos no palco.

A solicitação seguinte de Freddy dizia respeito à nossa presença no palco. Nossos vestidos estavam bons, mas nossos rostos eram muito pálidos. Freddy nos convenceu de que precisávamos nos maquiar, então passamos a usar uma quantidade mínima de maquiagem antes de entrar no palco. Ele não tinha reclamações a fazer sobre os trajes dos homens em nosso grupo. Para nós, seu último pedido foi o mais estranho de todos. Ele queria que nós sorríssemos no palco! "Que absurdo", pensamos. Nos apresentáramos por todo o ocidente da Europa sem esboçar um sorriso no palco – apresentações em salas prestigiosas com duração de duas horas. Fomos aplaudidos de pé na França, na Bélgica, na Itália e nos países escandinavos sem sorrir.

Freddy tinha ainda mais a nos dizer. Ele achava que nossas apresentações eram longas e sérias demais e careciam de contato com o público. Ele nos disse que as plateias americanas queriam ouvir "música suave e feliz".

Seríamos nós que decidiríamos se nos ajustaríamos ou não aos pedidos de Freddy. Padre Wasner foi até a Music Library em Nova York para procurar por "música mais leve e mais feliz" para nossas apresentações. Fico contente que Freddy não tenha descoberto que sabíamos muitas danças folclóricas austríacas. Ele poderia ter nos pedido também para dançar no palco.

Após todas essas mudanças terem sido feitas para acomodar os desejos de Freddy e termos prometido tentar sorrir, ele nos programou como Cantores da Família Trapp para uma turnê de 107 apresentações ao longo de oito meses. Novamente, entramos no ônibus azul com nosso novo nome escrito nele. Sob nossa nova administração, Rudi era o nosso motorista.

A turnê ocorreu de outubro ao Natal e de janeiro até depois da Páscoa. Freddy Schang nos programou de costa a costa com grupos locais, conhecidos como Community Concerts Associations, e nos apresentamos por todos os Estados Unidos e pelo Canadá. Apresentamo-nos nas maiores salas de concerto das maiores cidades: Jordan Hall, Boston; Orchestra Hall, Chicago; Mosonic Auditorium, Detroit; e Town Hall, Nova York, para mencionar apenas algumas. Cantamos também em cidades menores, onde as pessoas tinham sede de música. Nos apresentamos em auditórios de escolas secundárias, cinemas, igrejas e universidades. Na cidade de Washington, D.C., cantamos em um anfiteatro aberto para milhares de pessoas.

Desde o começo as plateias americanas apreciaram nossos concertos, parabenizando-nos por meio de cartas ou após as apresentações. Em cidades e vilas, os críticos nos fizeram as melhores críticas. Os excertos a seguir foram retirados de um livreto de recordação, de meados da década de 1940, que não trazia datas ou nomes das publicações:

> Quase não se consegue imaginar canto mais emocionante do que o dos Trapp. Eles são harmoniosos, muito tranquilos, objetivos e totalmente unidos. Eles não se aventuram em excessos teatrais ou efeitos vocais. Cantam a música e as palavras tão sinceramente quanto recitariam orações ao Senhor.
>
> Cidade de Nova York, Nova York

> Uma apresentação dos Trapp é uma experiência única. É uma aventura na música misturada com uma aventura no campo das personalidades. Começa com música e musicalismo de primeira

ordem de integridade. Em seguida, há o grande atrativo dos músicos em si.

Toledo, Ohio

A beleza da música recriada pelas vozes puras como flautas nos transportou para muito além das paixões e tristezas do mundo. Parecia que os anjos de Era Angelico tinham voltado.

Louisville, Kentucky

Quando a Família acabou de cantar, tão surpresa estava a plateia que uns 30 segundos se passaram até começarem os aplausos. Em seguida, a sala explodiu em aplausos.

Houston, Texas

Eles possuem um sentimento pelo material, um orgulho de artesão em suas habilidades para fazê-lo e uma musicalidade profunda: no aspecto artístico; um sentimento pela música semelhante àquele do tecelão ou bordador camponês – um desejo de criar com os materiais nos quais trabalham o tecido mais extraordinário possível. E isso é precisamente o que fazem.

St. Louis, Missouri

Um dia típico em nossa turnê começava com a partida, às 9 horas, do hotel. Frequentemente, tínhamos centenas de quilômetros para viajar em um dia. A caminho, observamos que Rudi não parava imediatamente quando precisávamos de um intervalo para descansar. Ele continuava a dirigir, às vezes, por uma hora inteira, para nossa grande aflição! Apesar disso, ele foi, na maior parte das vezes, prestativo com um grupo de novatos da Áustria. Rudi não era tão bem-educado e gentil quanto o Sr. Tallerie, mas àquela altura sabíamos muito mais sobre os Estados Unidos.

Rudi era um homem de bom caráter e um motorista experiente. Suas habilidades na direção foram testadas em diversas ocasiões. A caminho do monte Rushmore, Rudi não tinha certeza se conseguiria fazer o ônibus subir a montanha pela estrada estreita e sinuosa, mas estava disposto a tentar. Ele foi subindo até que chegamos a um túnel. O ônibus era alto demais para passar; por isso, ele não pôde continuar. *Papá* nos disse para saltarmos do veículo, e Rudi recuou da estrada estreita até um local onde poderia dar meia-volta. Em seguida, reembarcamos no ônibus e ele então nos dirigiu de volta até uma cidade pequena, onde encontramos táxis para nos levar novamente estrada acima até o famoso local. Após todo esse esforço, as esculturas dos quatro presidentes estavam envoltas em uma névoa espessa. Não podíamos nem mesmo ver o menor detalhe dos enormes retratos esculpidos em pedra. Ficamos em silêncio, desapontados, pois após tudo que fizéramos para chegar a esse monumento nacional os presidentes estavam escondendo o rosto de nós. Fizemos uma rápida oração.

Então, para nosso espanto, a névoa repentinamente se dissipou, e todos os presidentes ficaram claramente visíveis. Mal podíamos acreditar em nossos olhos. Era como se uma cortina tivesse sido aberta. O sol saiu, ressaltando as esculturas. Era como estar em um show em um teatro ao ar livre com um cenário magnífico de rochedos e florestas de pinheiro. Por um momento, ficamos lá, absorvendo tudo aquilo. Então, vagarosamente, as cortinas se fecharam, e os quatro presidentes desapareceram atrás delas. Todo o esforço para chegar lá fora válido. Nesse ínterim, Rudi tirou uma soneca no ônibus ao pé da montanha e prometeu nunca mais tentar algo se não estivesse muito certo de que funcionaria.

Outra aventura foi no Missouri, onde as estradas são longas e retas e o terreno é plano. Havia poucos postos de gasolina ao longo da estrada, então Rudi dirigia o mais rápido possível. As estradas eram pavimentadas, mas problemáticas se pegássemos o acostamento de terra. Um dia isso aconteceu conosco! O ônibus repentinamente saiu da estrada e parou sobre a lama grossa e grudenta do Missouri. Ele ficou bastante atolado em um campo lamacento ao lado da estrada. Rudi ficou furioso; pisou fundo no acelerador, e o ônibus todo chacoalhou da direita para a esquerda, como um navio em alto-mar. Permanecemos sentados, com o rosto pálido. Ninguém disse uma palavra, mas ficamos imaginando se Rudi conseguiria tirar o ônibus daquela enrascada. Após alguns momentos de ansiedade, que pareceram uma eternidade, o veículo estava de volta à estrada, graças ao nosso excelente motorista. Todos respiraram aliviados.

Logo após nosso primeiro mergulho na lama do Missouri, aconteceu novamente. Dessa vez, no entanto, Rudi não conseguiu movimentar o ônibus nem 1 centímetro sequer. Ele afundara demais na lama. Um fazendeiro gentil nos resgatou com um forte grupo de cavalos de fazenda. Muito provavelmente, eles tinham resgatado outros carros antes de nós. Pensei: "Talvez isso seja apenas parte da vida no Missouri."

Nas primeiras excursões, tivemos outros desafios. Precisávamos ser extremamente cuidadosos com os gastos, então, quando parávamos para jantar em lanchonetes e lugares baratos, cada um de nós podia gastar somente 25 centavos no almoço e 35 centavos no jantar. Se tivéssemos uma viagem longa até a próxima cidade da turnê, não podíamos perder tempo parando para almoçar e tínhamos que comer no "Restaurante da Mitzi", em nosso ônibus. Isso significava um almoço comprado, preparado e servido por nossa irmã Maria, cujo apelido era Mitzi. A família é eternamente grata a ela por esse sacrifício!

Geralmente, em torno das 17 horas chegávamos ao hotel. Fazíamos o registro e íamos para nossos quartos. Tudo era bem-organizado, inclusive a indicação de cada companheiro de quarto. Depois, comíamos no restaurante do hotel ou em uma lanchonete mais barata nas proximidades. Após o jantar, nosso motorista levava a bagagem das apresentações e dois membros da família até a sala de concertos. Lá, os instrumentos eram desembalados: a espineta, as flautas doces e a viola de gamba de Werner. Eles precisavam estar na temperatura ambiente antes de serem tocados. Dois conjuntos de trajes de palco eram desembalados e passados a ferro. O restante da família seguia. Nós nos vestíamos, fazíamos a maquiagem e nos preparávamos para subir ao palco.

Nos bastidores, podíamos ouvir os murmúrios da plateia, que soavam como um oceano. As luzes diminuíam; as cortinas abriam; padre Wasner nos dava o tom musical e... fazia-se silêncio. Podia-se ouvir aquela famosa pena cair.

Durante a primeira parte, que incluía música sagrada, madrigais e obras para flauta doce, usávamos longos vestidos brancos com coletes pretos, e os homens vestiam ternos pretos. No intervalo, trocávamos para trajes usados aos domingos e em dias festivos no interior da Áustria. Essa parte da apresentação sempre incluía músicas e cantos típicos dos Alpes austríacos e músicas folclóricas de muitas terras. Incluíamos canções favoritas do país em que nos apresentávamos. Assim, nos Estados Unidos, aprendemos músicas como "Home on the Range" e "My Old Kentucky Home". Frequentemente, os empresários locais nos traziam músicas folclóricas na noite anterior e nos pediam para apresentá-las. Em países diferentes, esses trechos estavam em língua estrangeira e tinham apenas uma única linha de melodia. Padre Wasner tinha que fazer arranjos das músicas em mais vozes para cantarmos, e tínhamos que aprender a língua, o texto e a música de cor em apenas um dia. Dessa forma, nosso programa foi consideravelmente enriquecido.

Um acréscimo inesperado ao nosso programa ocorreu em uma das apresentações de Natalno Town Hall, em Nova York. Johannes, com quase 4 anos de idade, estava conosco no palco quando mamãe apresentou a família. Quando mamãe disse: "E este é Johannes", ele se virou para ela e falou: "Mamãe, eu também quero cantar." Um pouco constrangida e certamente surpresa, mamãe disse: "Mas, Johannes, você sabe cantar alguma música?", "Ah, sim", disse ele, alto e claro, "Old MacDonald had a farm". Mamãe respondeu: "Bem, então, vá em frente e cante." O Town Hall vibrou com suas imitações dos sons dos animais. Ele conhecia cada animal na fazenda e, para alegria da plateia, cantou todos os versos. Em sua última imitação de um porco, a plateia explodiu em aplausos ensurdecedores.

Sem poder compreender esse sinal de apreciação, Johannes ficou amedrontado e deixou o palco correndo. Nos bastidores,

ele anunciou para Rosmarie que se mamãe lhe pedisse para cantar novamente, ele não o faria. Rosmarie não o levou a sério, então não informou a mamãe sobre a opinião decisiva que ele tinha sobre o assunto.

Nossa próxima apresentação foi programada para o Jordan Hall, em Boston. Novamente, mamãe apresentou os membros da família um a um. Ela ficara feliz pelo solo de Johannes ter obtido tanto sucesso em Nova York, então, após apresentá-lo, ela acrescentou: "E agora Johannes cantará para vocês." "Não, mamãe, não vou cantar", afirmou ele. "Mas Johannes, eu disse à plateia que você cantaria." De novo, ele anunciou que não o faria. Mamãe deu de ombros e fez um gesto que demonstrava sua impotência para a plateia. Em seguida, dirigindo-se a Johannes, ela disse: "Está bem. Então você pode ir para os bastidores."

Houve aplausos ensurdecedores da plateia, que observou atentamente o confronto entre mamãe e seu jovem filho vitorioso.

Após uma apresentação normal, alguns espectadores iam aos bastidores para nos cumprimentar pela apresentação. Em algumas cidades, houve recepções. Por mais bem-intencionados que fossem esses eventos, às vezes ficávamos tão cansados que teríamos preferido voltar para o hotel. Por termos de ficar em pé na fila de cumprimentos e apertar as mãos de tantas pessoas, nem conseguíamos comer. Porém, era emocionante encontrar pessoas amigáveis e entusiásticas pelo país inteiro.

Papá ficava muito entediado quando precisava apertar tantas mãos. Por isso, para se distrair, contava as pessoas, em alemão, em voz baixa, à medida que elas passavam na fila, fazendo um aceno gracioso com a cabeça para cada uma. Os espectadores ficavam animados quando o encontravam porque pensavam que ele os cumprimentava pessoalmente. Somente mamãe, para seu deleite, de fato ouvia *Papá* contando e compreendia o que ele estava dizendo.

Depois disso, voltávamos para o hotel e, na manhã seguinte, partíamos para a próxima cidade. As apresentações eram geralmente realizadas em dias consecutivos, exceto quando a distância entre os dois locais era superior a um dia de viagem. Ocasionalmente, tirávamos um dia de folga quando podíamos, para lavar as roupas, remendar as meias, polir os sapatos e ensaiar nossa música. Onde quer que fôssemos, incluíamos passeios turísticos. Mamãe se certificava disso e, em suas conferências com Freddy Schang, descobria que locais importantes precisavam ser vistos em nossa próxima viagem. Vimos museus de arte, igrejas famosas, belezas naturais extraordinárias e lugares históricos. Não fossem nossas longas turnês, nunca teríamos visto essas maravilhas.

Em turnê, nós, filhos, de vez em quando fazíamos umas brincadeiras. Criávamos um jornal para nossas três figuras

de autoridade: *Papá*, mamãe e padre Wasner. Johanna era a editora. Nós nos juntávamos em um quarto do hotel para compor artigos, poemas, fotografias e desenhos de todos os tipos. Em nosso jornal, tentávamos transmitir as ideias e os tópicos que sentíamos que deveriam ser comunicados aos nossos mais velhos, mas eles não podiam ser ditos diretamente. Eram desenhados a mão em papel de embrulho marrom-claro, maior do que qualquer revista. Uma vez que precisávamos de um dia livre para criar esses trechos importantes de literatura, nós os fazíamos apenas ocasionalmente; nenhuma edição regular era possível.

Muitas risadas acompanhavam a criação desses jornais, tantas que mamãe uma vez disse que desejava poder fazer parte da diversão. "Você se divertirá quando ler o que escrevemos", respondemos. Mamãe tinha um bom senso de humor e se entretinha com nossas criações. Uma das edições era em homenagem ao aniversário de 60 anos de *Papá*, em 1940.

Guardamos os jornais durante muitos anos. Para nossa tristeza, eles viraram fumaça juntamente com muitas outras lembranças quando nossa casa original em Vermont pegou fogo em 1980. Ainda me divirto com as memórias daqueles raros dias em que nós, "crianças", nos reuníamos por diversão e distração para criar nosso jornal familiar enquanto estávamos em turnê.

Após nossas longas turnês, havia gravações a serem feitas na cidade de Nova York. Logo após chegarmos aos Estados Unidos, gravamos muitas de nossas canções para a RCA Victor em discos de 78rpm. Mais tarde gravamos discos para a Concert Hall Society. Gravamos também cinco álbuns para a Decca Records. Foi uma experiência emocionante trabalhar em estúdios de gravação de tamanha qualidade. Agradeço a Deus por esses discos! Já que os produzimos, a maior parte de nosso repertório – músicas de Natal, canções folclóricas, obras para flauta doce e música sacra – foi preservada e está facilmente disponível atualmente. As gravações mudaram com a tecnologia moderna e atualmente aparecem em forma de fitas cassete e CDs para qualquer um que deseje conhecer o tipo de música que os Cantores da Família Trapp de fato cantavam. Uma vez que o filme *A Noviça Rebelde* ganhou tanta popularidade, poderiam pensar que a trilha sonora era o tipo de música cantada pelos Trapp. Longe disso!

Durante os primeiros anos, voltávamos para nossa casa "emprestada" em Merion, na Pensilvânia, para passar férias. No verão de 1940, toda a família Trapp se sentou no jardim em Merion, tomando café após o jantar enquanto desfrutávamos da tarde fria. Ao olharmos para o céu iluminado pelas estrelas, vimos uma abóboda de luz se formar acima de nós, com clarões ocasionais de luzes verdes e vermelhas nas bordas mais externas. A abóboda em si era branca – como as luzes do norte geralmente são. Por aproximadamente 45 minutos observamos essa visão impressionante e seguimos cada movimento.

A aurora boreal não é tão comum em um lugar meridional como a Filadélfia. Não poderíamos imaginar que logo nos dirigiríamos para o norte, para uma casa permanente para a família Trapp na América.

15

Nossa casa em Green Mountain

Após termos morado em Merion por quase dois anos, o Sr. Drinker teve uma oportunidade para vender sua casinha. Tivemos que procurar outra casa de verão. A família discutiu prolongadamente se devia alugar uma casa ou comprar um terreno. Alugar parecia, para nós, impraticável e pouco econômico. Todos os meses gastaríamos nosso dinheiro arduamente ganho e depois ele desapareceria. Se comprássemos um terreno, gastaríamos o dinheiro uma vez e seríamos donos da terra, então decidimos comprar.

Quando perdemos nosso dinheiro com a falência do banco em 1933, éramos jovens. Assim, tornou-se um desafio fazermos nós mesmos o que antes era feito para nós. Rapidamente compreendemos que havia grande potencial em cada um de nós para vencermos esse desafio e nos tornamos uma família empreendedora. Além disso, um tipo de espírito pioneiro surgiu entre nós. Acredito que, para desapontamento de meu pai, não aspirávamos fazer uma viagem pelos Mares do sul, mas, ao contrário, conversamos sobre comprar uma fazenda onde todos trabalharíamos, construiríamos nossas próprias casas com toras de madeira e plantaríamos verduras e árvores frutíferas. A ideia

Nossa nova casa em Vermont

de adquirir uma fazenda estava tão firme em nossas mentes que, quando descobrimos que o nome do navio que deveria nos levar para os Estados Unidos pela primeira vez era *American Farmer* (fazendeiro americano), acreditamos que se tratava de um sinal dos céus. Certamente, a razão principal para termos viajado para os Estados Unidos fora fazer apresentações, mas isso não esmoreceu nosso sonho de possuir uma fazenda.

Agora que a maioria de nós já crescera – com idades variando entre 2 e 30 anos –, forte e saudável, avaliamos a possibilidade de comprar uma fazenda e administrá-la nós mesmos. Quando ainda morávamos em Aigen, *Papá* uma vez conversou conosco sobre ficarmos todos juntos. Quando estávamos sentados em frente à lareira, ele pegou um graveto e disse: "Vocês acham que eu consigo quebrar este graveto em dois pedaços?" Dissemos: "Sim, *Papá*." Ele o quebrou em dois pedaços. Em seguida, pegou vários gravetos e nos perguntou novamente: "Vocês acham que eu consigo quebrar esses gravetos?" Dissemos: "Não sabemos, *Papá*." Ele tentou, e não havia maneira de quebrar o feixe de gravetos. Então, ele fez a analogia: se vamos em direções diferentes, cada um de nós pode se perder ou ter problemas, mas se permanecermos juntos, seremos fortes. Embora essa lição possa não ter estado em primeiro plano em nossas mentes, ainda assim sentimos que deveríamos comprar um pedaço de terra para a família inteira possuir em conjunto.

No verão de 1941 alugamos uma pequena hospedaria chamada Stowe Away, próxima à vila de Stowe, em Vermont, por quatro meses, até a próxima temporada de turnês começar. Uma vez que não tínhamos uma casa própria para ir após aquela excursão específica, sabíamos que precisávamos encontrar um terreno para comprar antes de sairmos em turnê. Após passarmos o verão em Vermont, sabíamos que gostávamos da área de Green Mountain porque ela nos lembrava da Áustria.

Enquanto mamãe se reunia com nosso empresário em Nova York, a família decidiu rezar para encontrar um lugar para comprar. Montamos um pequeno altar em Stowe Away, com um crucifixo, duas velas e dois vasos de flores, e nos revezamos rezando a cada hora por três dias e três noites. Após o terceiro dia, um homem chamado Alfred Mausolf nos visitou para dizer que ouvira falar que estávamos procurando uma propriedade para comprar. Ele conhecia um fazendeiro que tinha uma fazenda nas proximidades de Stowe e talvez desejasse vendê-la porque era grande demais para ele administrar sozinho. Ele tinha uma família com sete filhos pequenos e a mulher estava doente e, portanto, não tinha ajuda suficiente. O Sr. Mausolf se ofereceu para nos levar até a fazenda para que pudéssemos conhecê-la. A fazenda ficava 5 quilômetros acima de Stowe, em uma colina com uma vista linda, que contemplava três vales. O sol poente jogava uma luz suave e dourada sobre os campos gramados. Era mais do que podíamos sonhar ou desejar! Havia tanto sol quanto *Papá* poderia algum dia desejar, e ele adorou o lugar.

Quando mamãe voltou de Nova York, mostramos o lugar para ela, que concordou que era o lugar para nós, e compramos tudo – com um empréstimo – em 1942.

Nosso sonho fora realizado. A fazenda incluía um grande pomar de bordo, prados, um celeiro para cavalos, outro para vacas, um curral para porcos e um galinheiro, tudo em condições precárias. As instalações estavam cobertas de latas de cerveja vazias, garrafas e peças de máquinas agrícolas quebradas. No entanto, tínhamos uma vista estonteante, e rapidamente essa se tornou nossa nova casa.

Após ficarmos sentados em um ônibus, carro ou trem por uma temporada inteira de apresentações, era revigorante andar pelo límpido ar de montanha de Vermont e trabalhar arrumando a terra recém-adquirida. Não nos importávamos de levantar às 6 horas e trabalhar até as 22 horas. Estávamos construindo nossa nova casa! Rupert e Werner trabalharam com muito empenho para tirar toda a tralha da casa antiga, mas não puderam nos ajudar por muito tempo. Em 9 de março de 1943 eles tiveram que partir para Camp Hale, Colorado, para servir na Tenth Mountain Division [Décima Divisão de Montanha] como soldados especializados em esqui. Após alguns treinamentos adicionais no Texas, ambos foram enviados para a área de Mount Belvedere, na Itália, para lutar contra os alemães. Rupert, que tinha sido designado para a divisão médica, mais tarde me contou que ficou tão perto dos alemães que podia de fato escutar e compreender as conversas deles.

Quando nossos irmãos foram recrutados para o Exército, nosso coral de família perdeu duas vozes importantes: Werner, o tenor, e Rupert, o baixo. Porém isso não nos impediu de continuar excursionando. Padre Wasner mudou nosso programa de um coral misto para um apropriado a um coral de mulheres, embora ele ocasionalmente cantasse uma linha de baixo conosco.

Antes de os meninos partirem, Werner prometeu que, se eles voltassem para casa em segurança, construiria uma pequena capela em nossa propriedade em agradecimento. Enquanto os meninos estavam no Exército, rezávamos fervorosamente, pedindo a Deus para protegê-los em seu serviço pelo país que nos tinha dado refúgio. Ao voltarem para nós em 1945, Rupert e Werner tiveram uma recepção exuberante durante uma sessão de nosso acampamento de música de verão.

Rupert logo partiu para continuar seus estudos médicos, mas Werner construiu a pequena capela na colina atrás de nossa casa, que existe até hoje. Durante o tempo em que os meninos estiveram fora, o pequeno Johannes e nós, meninas, trabalhamos juntos para construir a nova casa após uma parte da casa antiga ter desmoronado em uma nevasca.

Papá, mamãe e Johannes dormiam em outra parte da casa antiga que ainda estava de pé, mas o restante de nós dormia em barracas à beira da floresta e no palheiro dentro do celeiro de cavalos. Acampamento é o nome para esse tipo de acomodação. Acampar não era novidade para nós. Tínhamos feito isso anos atrás em uma ilha na costa do mar Adriático. Sabíamos como fazê-lo. Foi uma aventura maravilhosa.

Representantes do Departamento de Conservação da Natureza de Vermont nos informaram que eles poderiam nos ceder mudas de pinheiros, lariços e árvores frutíferas, contanto que estivéssemos dispostos a assumir a responsabilidade pelo plantio. Estávamos dispostos, e eles nos deram cerca de mil mudas de pinheiros e tantas árvores frutíferas jovens quanto desejávamos. Eles até nos explicaram o quanto era fácil plantá-las: "Enfie uma pá reta no chão para abrir o solo; finque o broto; pise no chão onde você abriu o buraco; e ele está pronto para crescer por conta própria." Nós as plantamos, e elas cresceram! Agora, mais de 50 anos mais tarde, uma floresta de lindos pinheiros altos está de pé na colina atrás da Trapp Family Lodge. Quando visito minha família, mal posso acreditar que plantamos todas aquelas árvores.

Além das árvores, plantamos uma horta e um grande campo de morangos. *Papá* e os meninos aprenderam a fazer melado de bordo e trabalharam o pomar de bordo no início da primavera. As meninas ajudaram e, novamente, foi uma época maravilhosa nos bosques. O resultado foram 300 galões de xarope de bordo padrão A no primeiro ano!

Uma necessidade inevitavelmente se tornou vital, sobretudo no campo – uma fossa sanitária. Não importa que nome simpático se gostaria de dar a ela, ainda assim é um esgoto com as valas que o acompanham. Aprendemos isso com Cliff, um aldeão que fora rejeitado pelo Exército por deficiência física e, felizmente para nós, não tinha muito a fazer em casa. Cliff sabia o básico sobre viver no campo e tudo sobre fossas sanitárias e sua importância. Sabia que largura, comprimento e profundidade a fossa teria de ter e, o mais importante, em que direção as valas teriam que fluir. Uma vez que tudo isso foi estabelecido, nós, meninas, começamos a cavar.

1956

Durante os primeiros anos não tivemos ou desejamos ter eletricidade. Com o tempo, quando as visitas começaram a aparecer, as quais estavam acostumadas a ligar a luz elétrica ao entardecer, em vez de acender uma lamparina de querosene, sentimos que seria melhor converter nossa nova casa para o método moderno de iluminação. Isso significava que precisaríamos obter permissão do município e ter dinheiro para pagar a despesa de instalação. As autoridades municipais nos disseram que se cavássemos os buracos para os postes elétricos eles instalariam os postes e a fiação. Que desafio! Por causa da guerra, havia uma escassez de homens. Sim, nós cavaríamos os buracos. Nós, *meninas*, cavamos os buracos, e o município nos forneceu a energia elétrica.

Quando a casa finalmente ficou pronta, parecia uma casa de fazenda austríaca semelhante à Erlhof de Gromi. Gerânios vermelhos e brancos em vasos de flores desciam pelas sacadas, e uma pequena torre com um sino, no telhado acima da entrada, completava nossa nova casa. A grande sala de estar tinha uma janela com uma sacada aconchegante onde podíamos ensaiar. Havia espaço suficiente para nossa grande família e para as visitas que começavam a chegar. Não passamos mais nossas férias em lugares emprestados. Tínhamos um lar, algumas partes dele construídas com nossas próprias mãos.

Agora, tínhamos terreno, casa e entusiasmo, mas não muito tempo. Podíamos trabalhar lá de junho até o fim de agosto. Depois, tínhamos que preparar nossa próxima turnê. Quando chegamos dessa turnê, não sobrou dinheiro suficiente, depois de pagarmos os honorários de nosso empresário, os do agente de publicidade e nossos hotéis, refeições e transporte, para cobrir nossas despesas até o fim dos meses de verão. O que fazer?

Mamãe surgiu com uma ideia. Por que não começávamos um acampamento musical? Uma vez, ainda na Áustria, ela, minha irmã Maria e alguns outros membros da família assistiram a um acampamento musical nas montanhas. Lá, eles aprenderam sobre flautas antigas, como tocá-las e onde comprá-las. Cantorias também estavam inclusas nesses programas de acampamento. Por que não fazer algo igual em Vermont para os amantes de música durante os meses de verão? Um acampamento musical seria espetacular para as pessoas em férias, e nos daria uma fonte de renda durante a baixa temporada. A família toda gostou da ideia, e o Trapp Family Music Camp entrou no mapa. Novamente, tudo se encaixou.

Exatamente na época em que cogitávamos começar o acampamento musical, o acampamento abandonado da Civilian Conservation Corps (CCC), no vale abaixo de nossa propriedade, estava prestes a ser demolido. *Papá* e mamãe se candidataram para ele, e ele foi alugado para nós por 15 anos. Ele tinha uma paisagem fabulosa, com barracões para hóspedes, um refeitório imenso, com uma cozinha adjacente, um anfiteatro a céu aberto e diversas outras construções, as quais eram necessárias para acomodar os membros de nossa família. Havia também um barracão para uma capela, uma loja de lembranças e um salão de recreação. Perfeito para nosso acampamento musical! Após nossa turnê de 1943-1944, preparamos as construções do acampamento para nossos convidados. Panfletos de publicidade foram distribuídos, e os convidados chegaram.

Padre Wasner conduziu o canto e, após três dias, as vozes de pessoas que nunca tinham se visto antes se fundiram em um coro lindo. Elas mal podiam acreditar que era possível transformar um grupo de estranhos em um conjunto harmonioso. Porém, lá estava. Alguns dos convidados formaram seus próprios grupos de canto após voltarem para casa. Um desses grupos foi formado por convidados de Boston; um com os da cidade de Nova York e outro de Rochester, em Nova York. Esses grupos se juntavam uma vez por mês em suas respectivas cidades e relembravam o maravilhoso momento que tiveram nas Green Mountains de Vermont no Trapp Family Music Camp.

Durante cada semana de canto (de dez dias) dois piqueniques eram programados para nossos convidados do acampamento: um era no topo do monte Mansfield, a montanha mais alta de Vermont; e o outro, em um dos grandes prados em nossa propriedade. A comida para os piqueniques era preparada não por um fornecedor de serviços para festas, mas pela cozinha do acampamento, dirigida por Johanna e, mais tarde, por Lorli e pela equipe da cozinha. Essa equipe consistia de dez seminaristas da cidade de Nova York que estavam passando férias em Vermont. Após o piquenique, cantorias em grupo e aulas de flauta doce eram conduzidas por minha irmã Maria.

Todas as noites, após o jantar, os convidados se reuniam para participar de danças folclóricas na área gramada entre o refeitório e o salão de recreação. Todos se divertiam enquanto faziam exercícios saudáveis. A família providenciava a música: *Papá* tocava violino; Maria, o acordeão; e Werner, o clarinete. Às vezes, os convidados tocavam instrumentos adicionais. Orações vespertinas na capela fechavam o dia. Todos os convidados, a equipe de funcionários e a família se reuniam em oração e músicas de ação de graças.

Esses são apenas alguns destaques da programação do Trapp Family Music Camp. Muitas pessoas voltaram todos os anos. Nosso acampamento se tornou uma instituição durante 12 anos, terminando apenas porque nosso cronograma de turnês não nos permitiu continuar com ele.

Agora o local do acampamento está coberto por árvores, mato e arbustos. Quem não fez parte do acampamento musical nunca saberia, ao passar por lá, que houve um acampamento musical ali, lotado de pessoas, vivo, com música, diversão e alegria. Não existe mais nenhum traço físico do acampamento. Somente os muitos convidados que foram ao acampamento de música de verão lembrarão as alegrias de cantar e fazer música lá.

Em 1946, após nosso intervalo de Natal e logo antes de partirmos para uma turnê que nos levaria a atravessar o continente inteiro até a Califórnia, recebemos uma carta da Áustria. Era do capelão do Exército de Ocupação Americano em Salzburgo, e ele nos contava sobre a grande necessidade das pessoas austríacas no pós-guerra. Sabendo que nossa família se apresentava nos Estados Unidos, ele perguntou se podíamos fazer algo para ajudar nossos compatriotas. Imediatamente criamos a Trapp Family Austrian Relief, Inc.

Durante a turnê seguinte mamãe fez um apelo às nossas plateias, que chamamos de "Discurso de ajuda austríaca da mamãe". No final de cada apresentação, ela falava sobre as carências na Áustria. Pedia donativos de alimentos enlatados e

não perecíveis, roupas, sapatos, brinquedos para crianças e quaisquer itens aproveitáveis. Ela também pedia remédios, como aspirina e outras mercadorias não disponíveis além-mar, mas facilmente compradas nos Estados Unidos.

A resposta foi impressionante. Na manhã após o concerto, antes de o nosso ônibus partir, as doações começaram a chegar. Nossas plateias entregavam caixas e sacos cheios de alimentos, roupas, brinquedos, sapatos, cobertores, casacos e suéteres. Na Califórnia, uma escola enviou um caminhão lotado de mercadorias, as quais os alunos arrecadaram de suas casas entre duas apresentações. O esforço e a confiança depositados em nós foram incríveis.

A cada parada durante nossa turnê, mamãe fazia o mesmo discurso, e recebíamos donativos, que acondicionávamos na parte traseira do ônibus. Na oportunidade seguinte, compramos sacos de farinha novos e limpos e, enquanto dirigíamos para nosso próximo destino, Werner ficou no meio do ônibus transferindo todos os itens para esses sacos. Na estação de trem seguinte, os enviamos por fretamento para Waterbury, em Vermont. Lá, alguém de nossa equipe em casa os pegou e os levou de camioneta para o acampamento musical, que então estava vazio. Armazenamos os donativos no único barracão que não era usado quando o acampamento estava funcionando. Os sacos e caixas foram empilhados até o teto e permaneceram lá até o acampamento musical seguinte começar.

Uma convidada do acampamento particularmente animada, a Sra. Harper, percebeu a enormidade do trabalho que seria feito antes mesmo de as mercadorias poderem ser despachadas para além-mar. Ela própria assumiu a responsabilidade pela formação de um grupo de voluntários entre os convidados para selecionar e embalar novamente todos aqueles itens.

Discurso de ajuda austríaca da mamãe

Esse grupo maravilhoso de pessoas verificou cada item, depois selecionou e empacotou todos em imensos caixotes. Esses caixotes, doados pela Stowe Lumber Company, foram feitos especialmente para essa empreitada sob a direção de nosso bom amigo Craig Burt. Em seguida, eles foram enviados para a cidade de Nova York, onde instituições de caridade católica os transportaram juntamente com outros donativos para Salzburgo, aos cuidados do capelão Saunders, que com sua equipe distribuía os conteúdos para as vítimas da guerra.

A cooperação que recebemos uma vez que começamos esse trabalho de ajuda foi milagrosa. As doações continuaram a inundar o ônibus. Às vezes, quase não havia lugar para a família se sentar. O ônibus ficava lotado até o teto com carga preciosa.

Então uma carta chegou de Salzburgo, contendo 5 mil endereços. Nela havia um apelo às famílias americanas para "adotarem" uma família ou pessoa na Áustria e regularmente fornecerem as necessidades básicas. Mamãe novamente anunciou a necessidade após as apresentações e, novamente, um milagre aconteceu. Ficamos estupefatos não somente pela resposta material, mas também pela generosidade do povo americano e pela boa vontade em ajudar um país que não era o deles.

Houve pedidos oficiais dirigidos a nós, assim como cartas particulares com apelos por itens especiais que não estavam mais disponíveis na Áustria. Martina trabalhou no porão por falta de outro lugar adequado, que fosse grande o suficiente para armazenar as caixas de donativos. Lá, ela trabalhava para encher caixa após caixa com alimentos, roupas e outras necessidades, segundo as orientações dadas naquelas cartas. As caixas tinham que ser embrulhadas de uma forma muito específica: em papel de embrulho marrom com barbantes fortes amarrados transversalmente e com o endereço escrito em letras grandes. Aprendi a embrulhar pacotes dessa forma perfeita, como especificado pelo serviço de correios dos Estados Unidos. Essa habilidade foi útil mais tarde, quando saí de casa.

Quando cartas chegaram agradecendo-nos pelos suprimentos e pelas roupas, começamos a aprender o quanto os efeitos negativos da guerra afetavam os civis. Não tínhamos tido nenhum contato com amigos e parentes na Áustria durante a guerra, e só anos mais tarde é que descobrimos como nossa adorada Gromi viveu. Quando os russos invadiram a Áustria, Gromi, com seus 80 e tantos anos de idade, vivia com *Tante* Joan em Martinschlössl, que ainda pertencia a tio Bobby. A caminho de Viena e seus arredores, os russos tiveram que passar por Klosterneuburg. Infelizmente, eles fizeram bem o trabalho deles, invadindo casas, estuprando mulheres e roubando tudo o que pudessem.

Gromi tinha um criado húngaro leal, chamado Loyosz, que conseguiu manter a casa incólume. Quando os russos chegaram, estavam lá com Gromi, *Tante* Joan e sua amiga Lisa, que fora enfermeira no Paquistão na juventude. Ela era filha do ex-almirante Haus, da Marinha austríaca. Quando os russos entraram na casa e ordenaram a todos que fossem para o porão, Gromi desceu sem dizer uma palavra, conduzindo-se com dignidade. *Tante* Joan, tentando obter comida que durasse por algum tempo, pegou um pedaço de pão e uma faca no caminho para o porão. Quando um dos soldados viu a faca em sua mão, se aprontou para atirar nela, mas Lisa rapidamente interveio, dizendo em paquistanês: "A faca é somente para cortar o pão." O soldado, surpreso por ouvir uma língua que entendia, deixou *Tante* Joan seguir. Ele era da mesma área do Paquistão em que Lisa vivera. Coincidência?

Os russos deixaram a área após algumas semanas, mas Gromi morreu logo depois. Houve apenas tempo suficiente para enterrá-la antes de as tropas russas retornarem. Gromi foi enterrada com a filha Agathe, nossa mãe. *Tante* Joan e Lisa fugiram juntas a pé, puxando um *Leiterwagen* que continha todos os seus pertences. Elas andaram quase o tempo inteiro, e demorou dois anos para chegarem à Suíça, onde *Tante* Joan tinha uma casa.

Ficávamos nos perguntando, às vezes, por quanto tempo ainda deveríamos continuar com o trabalho de ajuda austríaca, auxiliando as vítimas da guerra em situações problemáticas semelhantes às que Gromi e *Tante* Joan tiveram. Embora estivéssemos contentes por ajudar, nosso esforço de ajuda austríaca chegou ao fim em 1950. Tínhamos turnês na América do Sul e na Europa no mesmo ano, o que incluía uma parada em Salzburgo. Quando chegamos lá, a estação estava lotada. Não compreendíamos por que tantas pessoas estavam lá. Então, vimos rostos familiares, e apareceu no meio da multidão um comitê de boas-vindas oficial, consistindo no arcebispo Rohracher, de Salzburgo, no governador Joseph Klaus e em outros dignitários.

Encontramos nossos amigos de escola e Stutz von Jedina, nosso ex-colega de brincadeiras, que se tornara advogado em Salzburgo.[1] Foi uma grande surpresa para todos nós receber tão grande recepção cordial, mas havia mais por vir. Alguns dias depois, uma cerimônia oficial foi organizada na Aula, um salão grande para reuniões oficiais. O arcebispo e o governador nos agradeceram por nossos esforços para ajudar os austríacos. Uma poetisa da área de Salzburgo escrevera um poema especial para nossa família, e ela o leu para nós no palco.

Menininhas em trajes típicos austríacos presentearam cada um de nós com um bonito buquê de flores alpinas. No dia seguinte, as festividades continuaram, com uma missa no seminário onde padre Wasner fora professor de música, seguida de um almoço.

A mulher de Werner, Erika, tinha organizado três apresentações para os Cantores da Família Trapp sob os auspícios do governador e do arcebispo. Um deles ocorreu na grande sala de concertos do Mozarteum. O segundo foi apresentado em frente à catedral, o que foi uma grande honra, uma vez que nosso grupo recebera permissão para cantar no grande palco onde Jedermann (uma alegoria moral da época medieval que era apresentada anualmente no festival de Salzburgo) fora a única apresentação já permitida. Naquela ocasião, não estava ciente dessa honra especial. Enquanto estávamos no palco, meu pensamento era: "Eles não poderiam ter encontrado um lugar menor para nos apresentarmos?" A terceira apresentação foi realizada na igreja Kollegien, em Salzburgo.

Tendo estado longe de Salzburgo por 12 anos, tivemos os sentimentos mais estranhos ao voltarmos ao lugar que fora nossa casa por 14 anos. A ocupação nazista tinha deixado suas marcas não só na língua, mas também em outros aspectos da vida. Alugamos bicicletas para que pudéssemos ir e vir entre nossa antiga casa em Aigen, onde estávamos hospedados, e a cidade de Salzburgo. Alheios às novas regras de trânsito, fomos parados por um policial quando tentávamos cruzar a ponte principal em nossas bicicletas. "Vocês não sabem que esta é uma rua de mão única? Vocês não podem seguir por aqui", disse com voz firme. Respondi que não sabia, uma vez que havia estado fora por 12 anos. Ele olhou perplexo e perguntou: "Onde você esteve?" "Nos Estados Unidos", disse. Ele não tinha certeza se devia ou não acreditar em mim. Vestíamos trajes típicos de Salzburgo e ainda por cima falávamos alemão. Porém, após algumas palavras, ele nos deixou seguir.

Mais tarde enfrentamos um incidente semelhante. O capelão Saunders, o homem do Exército que tinha se correspondido conosco, nos emprestou um jipe para circular pela área. Todos lá sabiam que aquele jipe pertencia ao Exército de Ocupação Americano. Um oficial americano nos parou porque suspeitou que o veículo tivesse sido roubado. Ele nos interrogou sobre o motivo de nossa viagem em um jipe americano. Somente após mencionarmos o nome do capelão Saunders e mostrarmos nossos passaportes americanos é que ele nos deixou seguir adiante.

Os tempos tinham mudado muito drasticamente, mas tudo ainda parecia bastante familiar. Tivemos permissão para ficar em nossa antiga casa em Aigen porque os seminaristas estavam de férias. Sim, era a mesma casa, mas não era a mesma. A ordem dos padres que a comprara após a guerra a reformara para adequá-la às suas necessidades; tinham instalado paredes onde não havia nenhuma. Apesar dessas mudanças, apreciamos o fato de podermos nos hospedar lá enquanto viajávamos por Salzburgo. Pessoalmente, eu não tinha nenhum pesar por não vivermos mais lá.

Recuperamos alguns de nossos móveis, que tinham ficado guardados com amigos em vários lugares em Salzburgo. A maioria deles estava tão estragada que sugeri a mamãe que fossem leiloados para que pudéssemos usar o dinheiro para comprar roupas para a família. Estava ficando cansada de remendar nossos vestidos. Ela aceitou essa sugestão. Guardamos apenas algumas peças especiais e vendemos o restante. Além disso, demos muitos itens domésticos para nossos amigos austríacos.

Durante o tempo em que moramos em Salzburgo, nunca tínhamos comido em um restaurante. No entanto, de tanto mostrar a cidade a nossos convidados e visitar o castelo, soubemos que morangos com *Schlag* (creme batido) eram servidos no restaurante do Castelo. Agora que éramos visitantes em Salzburgo, alguns de nós decidiram que também desfrutariam dessa iguaria.

De Salzburgo nosso cronograma de apresentações nos levou à Alemanha, à Dinamarca e à Suécia. Em Copenhagen, Erika, que tinha se juntado a nós em Salzburgo, foi convidada para ser o décimo membro de nosso grupo porque Rosmarie estava doente na época e nosso contrato exigia dez cantores no palco. Erika concordou, com "medo", em cantar na segunda parte do programa, que consistia de músicas folclóricas. Johannes observou que Erika ficara pálida apesar da maquiagem.

Da Suécia fomos para a Holanda e para a Bélgica, antes de pegarmos um navio para a Inglaterra, onde estávamos programados para nos apresentarmos no Royal Albert Hall, em Londres. A Inglaterra foi o único país onde Johannes não teve permissão para tocar flauta doce no palco, porque era menor de idade.

Na Inglaterra, vimos logo que nosso empresário, o Sr. Levitoff, não fizera um trabalho de publicidade antecipado; por isso, algumas de nossas apresentações foram canceladas. Não tínhamos nenhum dinheiro para nossos bilhetes de volta, portanto, após uma apresentação bem-sucedida em Paris, mamãe telefonou para o Sr. Schang nos Estados Unidos. Ele comprou os bilhetes para nós no *Liberté*. Por termos algum tempo livre até o dia de nossa partida, mamãe decidiu que a família toda deveria ir a Roma. Era o Ano Sagrado,[2] e ela achava que talvez conseguíssemos uma audiência com o papa Pio XII.

Foi-nos concedida a oportunidade de cantar para o papa durante uma audiência geral. Ela foi realizada em uma sala especial no Vaticano, sob o olhar vigilante da Guarda Suíça.

Os membros femininos de nosso grupo usavam vestidos típicos pretos de manga comprida e véus de renda preta, e cantamos o "Ave Verum" de Mozart para o papa.

De Roma voltamos a Paris, via Milão, para nosso embarque no *Liberté*. Na época, Erika, a mulher de Werner, precisava voltar para a casa dos pais em Salzburgo para pegar seu bebê e Rosmarie. Os três deveriam nos encontrar em Milão e se juntarem a nós no trem que ia para Paris e depois para Cherbourg. Seu trem atrasou para chegar a Milão, e já tínhamos partido, mas Werner ficou para esperar por Erika, Rosmarie e o bebê. Eles pegaram o trem seguinte para Paris. Em Lyon, os trens foram acoplados um ao outro e – pasmem! – a família toda surgiu de seus respectivos vagões em Paris. Extremamente aliviados por estarmos reunidos, passamos a noite em Paris e, no dia seguinte, pegamos o trem para Cherbourg, onde embarcamos no *Liberté*.

A travessia transcorreu sem emoções especiais até que topamos com o final de um furacão. O navio balançava de tal maneira que as portinholas do convés superior ficaram abaixo do nível d'água em um dos lados; depois, aconteceu o mesmo do outro lado, e ele continuou a balançar para a frente e para trás. Soube-se que o capitão ficara preocupado porque o navio poderia permanecer deitado para um dos lados durante um desses balanços. Tudo foi amarrado o mais firmemente possível na sala de jantar e nos salões. Muitas pessoas ficaram dentro de suas cabines, e a tripulação corria por todos os cantos, tentando ajudar. Não se podia subir ou descer as escadas sem escorregar incontrolavelmente para um dos cantos. Um padre tentava rezar a missa em um dos salões, mas repentinamente, no meio da cerimônia, o padre e a mesa, com tudo que estava em cima dela, tombaram e deslizaram pelo chão. Todas as atividades foram interrompidas, e todos os que ainda estavam lá tentaram, de alguma forma, chegar onde desejavam.

Após um dia sendo sacudidos pela tempestade severa, a calma foi restaurada e pudemos continuar nossa viagem para o porto de Nova York. Foi bom voltar à nossa casa nos Estados Unidos.

16

Um novo começo

Durante nossa turnê de 1947 ao longo da Costa Oeste, observamos que *Papá* tornara-se muito quieto. Frequentemente, ele se retirava para o banco no fundo do ônibus, no qual se esticava e dormia. Antes, ele já tinha ido a um médico homeopata em Nova York, que lhe dissera para parar de fumar, o que ele fez. Seus sintomas, no entanto, não melhoraram. *Papá* estava sempre cansado e pareceu perder o interesse pela vida. No entanto, ele nos acompanhava nas turnês.

A viagem de volta para casa pareceu demorar uma eternidade. Um dia, *Papá* disse que se sentia especialmente cansado. Por ele ter desenvolvido uma tosse suspeita, mamãe sugeriu que fosse a Nova York consultar um médico que o ajudara antes. Ele foi sozinho porque ainda tínhamos apresentações em nossa programação.

Duas semanas depois, mamãe recebeu uma mensagem de *Papá*, que estava em um hospital na cidade de Nova York. Ela partiu imediatamente para ficar ao lado dele. Ao chegar ao hospital, ficou chocada com as mudanças apavorantes que constatou. Ele tinha perdido 8 quilos em duas semanas, estava muito fraco e queria ir para casa. Reservadamente, o médico revelou para mamãe que não havia mais nada que pudesse ser feito por *Papá*. Ele tinha câncer de pulmão, provavelmente causado pela fumaça dos primeiros submarinos. A fumaça que ficava presa na sala de máquinas onde os oficiais e a tripulação precisavam permanecer quando realizavam manobras submarinas causava esse tipo de câncer traiçoeiro que levava à morte anos mais tarde. O médico disse que mamãe deveria levar *Papá* para casa em Stowe para passar seus últimos dias lá. *Papá* tinha então 67 anos de idade.

Quando chegamos em casa, depois de nossa última apresentação, as mudanças terríveis no rosto de *Papá* eram muito evidentes. Ficamos felizes por termos levado para casa muitos gerânios em vasos para alegrar seu quarto. Ele estava deitado na cama e mal podia falar. Mamãe tinha que alimentá-lo às colheradas. Nós o visitávamos somente um de cada vez, para não o cansarmos demais.

Minha vez chegou; ele me perguntou sobre minhas novas colônias de abelhas. Essa era a última coisa em que poderia pensar naquele momento, embora ele, em sua agonia, pensasse em meu passatempo. Minhas lágrimas escorreram. Não consegui dar-lhe a resposta; estava simplesmente arrasada.

Alguns dias depois, em 30 de março de 1947, ele morreu em paz, cercado por todos nós, a quem tão fielmente protegera durante toda a nossa vida. Ele sempre estivera presente, como o ar que respiramos e os elementos que nunca questionamos. Ele nos acompanhava nas turnês, com seu jeito tranquilo e delicado, sempre cuidadoso com nossas necessidades enquanto viveu. *Papá* agora descansa no cemitério de nossa família, cercado por jardins de flores graciosas.

Somente após todos esses anos de luta para fazer uma vida nova na América é que pude pensar mais profundamente sobre a vida de meu pai conosco. Sim, por mais importante que tenha sido durante a Primeira Guerra a serviço da Marinha da Áustria, ele foi ainda mais importante durante a última parte de sua vida, como o pai de sua família cantora. Ele viveu essa nova vida com abnegação completa nessa nova e estranha terra.

Nossas turnês continuaram sem *Papá*, mas sentíamos como se ele ainda estivesse conosco. Cada ano fazíamos duas turnês longas pela América, cantando, por fim, em todos os estados, com exceção do Alasca. Em uma temporada, nos apresentamos por todo o Canadá. Cantamos nas ilhas do Havaí várias vezes. Em 1950, viajamos para a América do Sul, para nos apresentarmos, quando cantamos no Teatro Colón, em Buenos Aires. Nesse mesmo ano, voltamos à Áustria.

Parecíamos estar longe de casa mais do que nunca, mas tínhamos uma pequena equipe de amigos fiéis que permaneceram em nossa casa em Stowe. Eles cuidavam dos convidados que iam esquiar ou passar férias entre as Green Mountains. Mantinham a casa em ordem e encaminhavam nossa correspondência. Sabendo que estaríamos longe de casa por muitos meses, os amigos preparavam um boletim para nossa família. Nossa irmã Rosmarie, que não ia em turnê conosco, e Mary Louise (Mary Lou) Kane, uma jovem professora que trabalhava no Lodge, eram as autoras e editoras. Esses boletins contavam tudo que possivelmente gostaríamos de saber: quem chegou e quem partiu; o tempo; e outras notícias. Nós os líamos no ônibus enquanto íamos de cidade em cidade, repassando esses relatórios entre todos os integrantes da família.

Sempre que retornávamos de nossas longas viagens, a equipe da casa preparava uma recepção calorosa para nós. Era maravilhoso voltar para uma casa limpa e decorada para o Natal, e dormir em nossas próprias camas, com lençóis limpos.

Como era reconfortante desfrutar da refeição preparada para viajantes cansados e retornar para uma casa tão grande e para os amigos!

No entanto, a ruptura de nosso grupo de cantores de família foi inevitável. Rupert obteve seu grau de médico, casou e formou uma grande família. Ele não poderia mais cantar conosco. Em 1948, Werner casou com Erika, amiga de Martina, mas continuou cantando conosco. Johanna se casou e deixou o grupo em 1948. Nesse mesmo ano fizemos o juramento de fidelidade para nos tornarmos cidadãos dos Estados Unidos. Em 1951, Martina, que se casara um ano e meio antes, morreu durante o trabalho de parto. Em 1954, Lorli se casou e começou a formar uma família.

Para continuarmos a nos apresentar como Cantores da Família Trapp tínhamos que acrescentar membros de fora ao nosso grupo familiar. Os novos membros eram músicos talentosos com vozes semelhantes às nossas. Eram todos divertidos como companheiros de viagem, mas certamente precisariam receber um salário, o que reduzia a renda da família. Nenhum de nós jamais recebeu um contracheque por cantar. O acordo entre nós fora que trabalhávamos juntos e cada um recebia o que precisava. Mamãe foi quem sugeriu, e o chamava de "comunhão cristã".

As críticas ainda eram favoráveis, e adoramos uma publicada no *Philadelphia Inquirer*, em dezembro de 1953, após nossa apresentação com a Philadelphia Orchestra, dirigida por Eugene Ormandy. Uma parte dela dizia:

> Não há, na atualidade, indubitavelmente, nenhum outro grupo vocal familiar igual a esse famoso grupo de artistas cantores; se é que, na realidade, existe qualquer outra organi-

zação semelhante atuando no campo musical. [...] É seu canto autêntico e natural, sua autoridade inequívoca, sua riqueza, fervor e sabor extraordinários que dão aos Trapp sua posição singular. A versatilidade vocal dos Trapp, a harmonia maravilhosa, a unidade, o equilíbrio e a mistura de tons foram magnificamente exibidos.

Em 1955 a família fez uma longa excursão pela Nova Zelândia e pela Austrália, parando no Havaí e nas ilhas Fiji. As plateias foram muito receptivas. Em Honolulu, por exemplo, um crítico observou a "plateia empolgada" e elogiou nosso "canto impecável" com "uma sutileza de mistura vocal que pode ser simplesmente comparada à mais habilidosa orquestração". Estávamos viajando há seis meses, e todos, exceto mamãe, tinham a sensação de que era nossa última grande viagem. Tínhamos chegado ao fim de nossos recursos e resistência interna. Pessoalmente, eu tinha certeza disso. Durante uma apresentação, tive um ataque de tosse que não pude abafar. Tive que deixar o palco e senti que era o fim de minha carreira de cantora em público.

Por 20 anos cantáramos com vozes não treinadas. Isso foi uma façanha em si, simplesmente sobrevivendo vocalmente por todas aquelas apresentações. Deus tornou isso possível, e nós O servimos da melhor maneira possível. Percebemos – alguns mais cedo do que outros – que essa missão de cantar terminara. Era hora de mudar.

Ao retornarmos a Stowe, após a excursão Austrália-Nova Zelândia, mamãe nos perguntou: "Vocês querem fazer mais uma turnê? Dessa vez seria para o Japão." Um por um respondeu: "Não, mamãe, não queremos sair em outra turnê." Mamãe não tentou nos convencer, porém sei que ela teria adorado fazer viagem.

Então, em 26 de janeiro de 1956, em Concord, New Hampshire, fizemos nossa última apresentação. Ao longo de todos aqueles anos, nos apresentamos em 30 países. Nós, "crianças", precisávamos desenvolver mais nossas personalidades e potenciais. Tínhamos estado juntos por muitos anos por causa da necessidade e das circunstâncias. Tínhamos funcionado como as engrenagens de um relógio, cada um fazendo seu trabalho, cada um cantando sua parte, e mamãe dando corda no relógio. Era hora de trilhar o próprio caminho. Ao seguirmos nosso novo caminho, descobrimos que Deus não nos abandonara.

O Trapp Family Lodge foi o sonho de mamãe que se tornou realidade. Desde que o diretor do Coro de Meninos de Viena dissera a ela que eles administravam um hotel no Tirol durante sua baixa temporada, mamãe se agarrou a essa ideia. Em nossas apresentações, ela convidava as plateias: "Venham para Vermont e desfrutem de férias maravilhosas em nossa fazenda." Quando a ouvia dizer isso, pensava: "Onde ela colocará tantas pessoas?" Os convidados de verão chegaram regularmente, começando em meados da década de 1940. Por todos aqueles anos, antes de acrescentarmos quartos de visitas adicionais à casa, nós, crianças, deixávamos nossos quartos para os convidados e nos mudávamos para o terceiro andar – o sótão – para dormir. Os convidados não pagantes começaram a esgotar nossa pequena reserva financeira, embora eles nos ajudassem com o trabalho; então, começamos a cobrar pela pensão completa. Aos poucos, mamãe contratou pessoas de fora para ajudar a cozinhar, a arrumar e a servir as refeições. Havia necessidade de um escritório, que foi instalado perto da porta da frente. Nossa casa tornara-se um hotel. Foi assim que o Trapp Family Lodge começou.

Quando nossas turnês chegaram ao fim, a maior parte da família deixou o Lodge. Muitos de nossos colaboradores remunerados gostavam de mamãe e eram leais a ela, porém a mistura da família que fazia o trabalho com os que eram remunerados para ajudar e supervisionar não funcionou bem. Nossa casa tornara-se muito grande para a família apenas e muito pequena para a mistura de família, empregados e convidados. Rupert, Johanna e Lorli partiram antes do fim de nossas turnês. Em 1956 cheguei à conclusão de que era hora de deixar o ninho. Juntei-me a Mary Lou Kane para começar um jardim de infância em Stowe. Dois anos depois, após a cidade de Stowe introduzir aulas de jardim de infância no sistema escolar público, mudamos nosso jardim de infância para Glyndon, Maryland.

Ao viajarmos pela Austrália, o representante apostólico de Sidney perguntara a mamãe se alguém da família gostaria de ajudar em missões. Mamãe ficou impressionada com a ideia e cogitou começar uma escola para treinar missionários no Lodge. Após retornar para casa de nossa turnê australiana, descobrimos que o dinheiro que tínhamos ganhado lá não poderia ser transferido para os Estados Unidos, então o dinheiro foi usado para financiar essa viagem missionária. Mamãe, padre Wasner, Maria, Rosmarie e Johannes partiram para a Nova Guiné em 1956. Maria, Rosmarie e Johannes eram ajudantes missionários leigos na Nova Guiné, enquanto mamãe e padre Wasner iam a diversos lugares nos mares do hemisfério sul em viagens de exploração. O plano para o centro de treinamento de missionários nunca se materializou. Minha irmã Maria permaneceu na Nova Guiné por 32 anos, mas Rosmarie e Johannes voltaram após dois anos e meio. Johannes então estudou história e biologia na Dartmouth College e serviu na Guarda Nacional. A seguir ele recebeu o grau de mestre em ciências florestais de Yale.

Padre Wasner permaneceu trabalhando para missões em Fiji por aproximadamente cinco anos. Ele foi então enviado para a Terra Santa para ser responsável por uma missão papal. Mais tarde foi designado para ser reitor de um seminário em Roma, na Itália. Ao se aposentar, retornou para Salzburgo, onde viveu até sua morte, em 1992.

Após seu retorno dos Mares do sul, mamãe fez diversas viagens para a Áustria, comprando itens para a loja de presentes da Família Trapp. Ao voltar para os Estados Unidos, passou grande parte de seu tempo dando palestras.

Embora mamãe tivesse a ideia de fazer do Lodge um lugar bonito e gostasse de seus convidados, administrar as finanças do hotel não era seu ponto mais forte. Ela transferiu essas obrigações para Johannes, que assumiu a administração do

Lodge em 1969. As coisas foram bem por algum tempo, mas em 1980 uma tragédia aconteceu.

Em 20 de dezembro, no meio da noite, o Lodge se incendiou totalmente. Eu estava morando e trabalhando em Maryland na época e, na manhã de 21 de dezembro, recebi um telefonema de Lorli. Ela disse: "Aquilo aconteceu ontem à noite. O Lodge pegou fogo por completo." O "aquilo" a que ela se referira era um sonho que *Papá* nos contara. Ele sonhara que nossa casa se incendiava, e estávamos todos muito ocupados, mas ele não estava mais conosco. Quando Lorli me disse isso, lembrei do sonho. Mais tarde soube dos detalhes do incêndio.

O Lodge estava lotado com hóspedes que foram para celebrar as festas de fim de ano e esquiar. A temperatura estava abaixo de zero, e havia muita neve. Mamãe morava em um apartamento no segundo andar, e sua secretária de 93 anos de idade, Ethel Smalley, dormia em um quarto adjacente. Mamãe, Ethel Smalley e outra amiga foram resgatadas por um heroico bombeiro, que as retirou da sacada de mamãe, que estava coberta de neve, através de uma escada congelada.

Ao perceber o fogo, o vigia noturno correu por todos os corredores gritando: "Fogo! Todos saiam imediatamente!" Os hóspedes obedeceram e saíram para as temperaturas geladas em suas roupas de dormir. Nesse exato momento a cidade de Stowe assumiu o resgate. Pessoas chegavam de outras hospedagens com cobertores e casacos, oferecendo-se para receber nossos hóspedes desamparados. Todos os que tinham uma cama vazia em casa apareceram para cedê-la a um de nossos hóspedes chocados e congelados.

O corpo de bombeiros não pôde salvar a construção de madeira. A falta de água e as temperaturas abaixo de zero tornaram impossível salvar o Lodge. Todos os hóspedes sobreviveram, exceto um. Ele voltara ao quarto para pegar a carteira, mas não conseguira sair. Johannes, que morava com sua família em uma pequena casa de fazenda no final da estrada, chegou logo em sua picape. Ele só pôde assistir ao Lodge sendo consumido pelo fogo.

Embora eu me desse conta do efeito devastador do evento sobre tantas pessoas, não estava triste por ouvir que nossa primeira casa nos Estados Unidos fora destruída. Ela se tornara muito pequena e desconfortável para os hóspedes se divertirem e para os empregados trabalharem. Para mamãe, no entanto, foi um baque terrível ver o trabalho de uma vida desaparecer. Ela nunca se recuperou por completo desse choque.

Pela manhã, o sol brilhou sobre um grande amontoado de cinzas, quatro chaminés e a fundação de cimento que apenas um dia antes tinha sustentado o Lodge. Johannes, o presidente do Lodge, precisou então tomar uma decisão: vender a propriedade ou reconstruí-la. Ele optou por reconstruí-la e torná-la mais forte e segura. Ele também a transformaria em um lugar confortável onde os convidados pudessem passar suas férias. Seria uma construção maior e mais bonita, no mesmo estilo do antigo Lodge.

Com a ajuda de um excelente arquiteto local, Robert Burley, a construção do novo Lodge começou em 1981. Em 16 de dezembro de 1983 o novo Lodge foi inaugurado. Quando ficou evidente que muitas pessoas estavam interessadas em passar férias prolongadas, Johannes concordou em acrescentar chalés de propriedade compartilhada ao terreno no final da estrada do Lodge principal. Mamãe viveu o bastante para ver a finalização do novo Trapp Family Lodge antes de morrer, em 1987, após uma longa doença, aos 82 anos de idade. Ela foi enterrada no cemitério de nossa família.

Fiel a suas crenças, mamãe viveu apaixonadamente, sem abrir mão de nada. Embora nem sempre fosse uma pessoa de convívio fácil, sou grata por ela ter agarrado as oportunidades que tornaram possível para nós compartilharmos nossos talentos musicais com o mundo.

Enquanto escrevo este livro, me ocorre o quanto tudo mudou para nossa família. Após anos servindo refeições para nossos convidados no antigo Lodge, a família agora é servida com refeições deliciosas no novo Lodge. Desfrutamos da beleza e da hospitalidade da nova construção.

17

Ah! *A noviça rebelde*

A *noviça rebelde* criou uma variedade de emoções em todos nós, em cuja história de vida o musical e o filme são baseados. Por todo o mundo *A noviça rebelde* se tornou um dos filmes mais populares já produzidos. Gerou milhões e milhões de dólares e fez milhões e milhões de pessoas felizes. Sua história está para sempre gravada nos corações dos que assistiram ao filme não uma, não duas, mas muitas vezes. Em Los Angeles, uma mulher foi vê-lo 58 vezes; um marinheiro em Porto Rico, 77 vezes; e uma mulher de 47 anos de idade de Wales foi uma vez listada no livro dos recordes mundiais – o *Guinness* – por tê-lo visto 940 vezes.

O que torna o filme tão popular quando há tantos aspectos que diferem de nossa vida real? Já pensei muito sobre essa pergunta. Talvez a resposta resida no fato de que não importa para as pessoas se a história é verdadeira ou não, mas sim o fato de que se trata de uma história linda e proveitosa, que desperta as emoções dos espectadores.

Quando vi o musical pela primeira vez, chorei. Outros em minha família ficaram igualmente irritados. O homem no palco de uniforme naval não era *Papá*. A peça, e mais tarde o filme, por mais bonitos que fossem, deturpavam nossa vida com nosso pai. Ele não era um oficial da Marinha com um olhar distante e um apito de contramestre de navio na boca pronto para friamente dar ordens aos filhos. Na realidade, ele foi um pai dedicado, que cuidou de nosso bem-estar de todas as formas. Entre outras coisas, ele nos levava para piqueniques e viagens de acampamento; providenciou escola e aulas de música; nos ensinou a tocar alguns instrumentos musicais e compôs músicas conosco. Na realidade, enquanto *A noviça rebelde* mostra nossa segunda mãe nos ensinando o básico de música, agradecemos ao nosso pai por já termos um repertório quando Gustl (Maria) chegou à nossa casa.

Os criadores das versões teatrais e cinematográficas fizeram outras mudanças, alterando inclusive nossos nomes, idades e sequência de nascimento. Por envolver a filha mais velha dos Trapp – em outras palavras, eu –, considero a cena com a música "Sixteen Going on Seventeen" uma criação puramente hollywoodiana. Um telegrama importante não foi entregue em nossa casa por um menino adolescente numa bicicleta.

A casa em Salzburgo usada no filme não era nossa casa; na realidade, era uma ex-residência de verão do arcebispo de Salzburgo. Nossa vila não pôde ser usada porque a ordem religiosa, para quem a tínhamos vendido, não deu permissão. Além disso, não fugimos pelas montanhas para a Suíça. Não há nenhuma passagem pelas montanhas que conduza de Salzburgo à Suíça. Nós simplesmente pegamos o trem para a Itália.

Meu pai era um homem de princípios, que não desejava ter qualquer contato com Hitler e, por isso, *de fato*, se recusou a hastear a bandeira nazista em nossa casa. No entanto, não fomos confrontados diretamente pelos nazistas, como é dramaticamente mostrado no filme. *Papá* não cantou "Edelweiss" quando partimos. Na realidade, "Edelweiss" não é o hino nacional austríaco, como muitas pessoas acreditam, mas uma canção escrita para a peça por Rodgers e Hammerstein. Todas essas coisas parecem impressionantes no palco e na tela, mas não são reais. Se os nossos nomes não estivessem envolvidos, eu teria adorado o filme, como todas as outras pessoas. Porém, por nossos nomes terem sido usados e nossa vida ter sido retratada incorretamente, não pude suportar a ideia de ver a peça e o filme mais de uma vez. Eu não os deixaria roubar minhas memórias.

Como disse, não estava sozinha ao me sentir dessa forma. Vários de nós tivemos a mesma reação. Minha família é, no fundo, muito reservada, e somente por causa de circunstâncias fora de nosso controle é que entramos no palco e nos apresentamos diante de plateias por 20 anos. Somos também sensíveis ao que é verdadeiro e genuíno e ao que não é. *A noviça rebelde* não passou em nosso teste.

Não tínhamos controle algum sobre a nossa representação no musical, em parte porque em 1956 mamãe vendera os direitos de nossa história para um produtor de filmes alemão. A infeliz saga foi a seguinte: um dia, alguém ofereceu a mamãe 10 mil dólares pelos direitos de fazer um filme baseado em seu livro *The Story of the Frapp Family Singers* [A história dos Cantores da Família Trapp]. Um agente da companhia cinematográfica lhe disse que, se ela aceitasse 9 mil dólares, eles lhe dariam o cheque imediatamente. Não percebendo, em uma época em que ela precisava do dinheiro, que poderia conseguir uma fortuna com nossa história, assinou o contrato e, com isso, vendeu todos os direitos para a companhia alemã por 9 mil dólares – sem direito a *royalties*. Essa companhia mais tarde vendeu os direitos para os produtores da Broadway, que desejavam transformar nossa história em um musical.

O musical da Broadway *A noviça rebelde* estreou em Nova York em 16 de novembro de 1959, com Mary Martin como Maria e Theodore Bikel como o Capitão. Após a estreia na Broadway, os produtores americanos não acharam correto ficarmos sem receber *royalties*. Mary Martin, Richard Halliday e Leland Hayward desempenharam um papel importante em assegurar que Maria von Trapp recebesse uma porcentagem muito pequena dos *royalties*. Mamãe agradecidamente aceitou essa sorte inesperada e a compartilhou com o padre Wasner e as nove crianças remanescentes. O musical da Broadway ganhou seis prêmios Tony, inclusive o de melhor musical. A versão cinematográfica, que foi lançada em 1965, ganhou cinco Oscar, inclusive o de melhor filme, e é um dos filmes mais bem-sucedidos da história do cinema.[1]

Milhões de dólares não foram para os bolsos da família Trapp por causa do filme *A noviça rebelde*, mas nos beneficiamos muito de outras formas. Com o tempo, algo aconteceu e me reconciliou com meu "inimigo" – a peça. A mudança em meus sentimentos, na realidade, foi provocada por aqueles que viram *A noviça rebelde*, adoraram e ligaram o musical aos nossos nomes e à nossa família. Pouco a pouco, em muitas ocasiões, encontrei pessoas que me reconheceram por meu sobrenome e me ligaram ao musical. Seus rostos se iluminaram, e senti que havia um sentimento de cordialidade da parte deles.

Não esperava esse resultado. Afeto e afeição não podem ser comprados com milhões de dólares. Trata-se de uma questão do coração.

No início de 1998, recebi um telefonema de uma senhora de Nova York pedindo-me que reservasse a data de quinta-feira, 12 de março. Os produtores de *A noviça rebelde* estavam lançando novamente o musical na Broadway. Haveria uma apresentação de estreia em noite de gala no Martin Beck Theatre, seguida de uma festa. Quando a mulher do outro lado da linha mencionou a data de 12 de março, deixei escapar: "Essa é a data de meu aniversário de 85 anos!" Tão logo as palavras escaparam, desejei não tê-las dito, mas ela já tinha ouvido.

Recebi um convite oficial, e quando a data chegou, minha amiga Mary Lou Kane e eu fomos para Nova York. Quase não reconheci a cidade após todos aqueles anos desde que desembarcáramos para nos apresentarmos nos Estados Unidos. O motorista do táxi abriu caminho pelo tráfego pesado. À direita e à esquerda, carros e caminhões passavam a milímetros de nosso táxi, mas nosso motorista conseguiu passar por eles e nos deixar no nosso hotel, o Doubletree Guest Suites, onde os outros convidados também estavam hospedados. Ao chegar, recebemos deliciosos biscoitos com gotas de chocolate – as maiores que eu já tinha visto. A família chegou de Vermont, e com eles Hans van Wees, gerente do Trapp Family Lodge.

A apresentação de gala aconteceria na noite seguinte, 12 de março, então minha família organizou um maravilhoso almoço de aniversário naquele dia em um restaurante russo, o Firebird, próximo ao hotel. Era um pequeno lugar, fantástico e aconchegante, com um porteiro em traje formal russo na entrada. Para minha grande surpresa, Johannes fez um brinde ao meu aniversário. Não esperava essa honra e fiquei profundamente emocionada.

Naquela noite fomos levados para o Martin Beck Theatre em uma limusine. Ao chegarmos, a calçada estava repleta de pessoas que chegavam para a apresentação. A multidão foi empurrada para os lados para nos deixar entrar. Os jornalistas se espremiam para passar pela multidão, e vimos os clarões das luzes das câmeras em toda a nossa volta. Para minha surpresa, ouvi um jornalista chamar meu nome. Era Chris Olert, para cujos irmãos Mary Lou dera aula em nosso jardim de infância. Ele trabalhava então como jornalista em Nova York.

Nossos assentos eram próximos às primeiras filas do teatro; as luzes diminuíram, e o show começou, para alegria da plateia. Durante o intervalo me foi pedido que subisse ao primeiro balcão. Foi difícil passar pela multidão, então Hans me puxou pela mão, abrindo caminho e me levando ao lugar certo no balcão. Uma surpresa me aguardava. Não podia acreditar, mas lá estava! Um menininho em traje de marinheiro me presenteou com um imenso bolo de aniversário, onde estava escrito "Feliz aniversário de 85 anos!". Após o intervalo, Hans me acompanhou de volta ao meu assento para o restante da apresentação, que foi um grande sucesso e recebeu uma ovação ensurdecedora.

Após o espetáculo, um jantar foi organizado no Tavern on the Green para o elenco e os convidados. Havia tanto barulho no restaurante, onde todos celebravam a noite de estreia, que eu mal compreendia o que cada um dizia, porém foi tudo maravilhoso.

Outra noite especial ligada ao filme *A noviça rebelde* ocorreu em 2 de dezembro de 1998. Os Von Trapp foram convidados para irem à cidade de Nova York para receber a Medalha de Honra Dourada do estado de Salzburgo por nossos esforços para ajudar a Áustria após a Segunda Guerra Mundial. Esse medalhão é a mais alta honra conferida pelo estado de Salzburgo. As "crianças" do filme, que também não são mais crianças, foram presenteadas com a Medalha Mozart pelo papel que representaram em *A noviça rebelde*, que aumentou o número de turistas em Salzburgo. Essa noite de dezembro foi a primeira vez, desde que o filme fora lançado em 1965, que estivemos cara a cara com aqueles que nos retrataram.

Dois anos depois, outra ocasião especial me aproximou de minha contraparte no filme, Charmian Carr, que representou a filha mais velha dos Von Trapp. Quando seu livro, *Forever Liesl* [Para sempre Liesl], foi lançado, no ano 2000, Charmy chegou a Baltimore para uma noite de autógrafos, e jantamos juntas. Após me apresentar para sua plateia, ela leu excertos de seu livro, evento seguido por uma noite de autógrafos. Para minha surpresa, as pessoas pediram meu autógrafo também. Charmy e eu nos sentamos lado a lado, assinando livros. Essa noite foi outro momento em que *A noviça rebelde* me emocionou com seu afeto.

Após encontrar tantas pessoas ao longo dos anos, as quais me contaram como obtiveram tanto divertimento e inspiração do musical e do filme, finalmente fiz as pazes com *A noviça rebelde*. Pensei: "Quem sou eu, então, para criticar esse filme?" Após uma longa luta interna, finalmente aprendi a separar as memórias de minha vida do roteiro do filme. Comecei a entender que, embora os detalhes possam não ser corretos, os criadores de *A noviça rebelde* capturaram fielmente o espírito da história de nossa família. Essa interpretação me libertou de meu ressentimento, possibilitando que eu gostasse da peça, do filme e da música, como outros também gostam. Até aprendi a cantar e tocar "Edelweiss"!

18

Onde estão as "crianças" agora?

Essa pergunta é frequentemente feita pelas pessoas que visitam o Trapp Family Lodge. Ah, sim, as "crianças". Soa quase como uma reflexão posterior. Onde elas estão? O que estão fazendo agora que não há mais apresentações?

É como se o tempo tivesse parado. Após 20 anos nos apresentando por todo o mundo ocidental, ainda somos as "crianças". Por que ainda somos vistas como crianças, embora muitos de nós já fôssemos crescidos quando deixamos a Áustria em 1938 para nos aventurarmos no Novo Mundo? Somente os dois membros mais novos de nossa família, Rosmarie e Lorli, eram crianças naquela época.

Ano após ano, de 1936 em diante, nos apresentamos e viajamos juntos de outubro até o Natal e saímos novamente em turnê após o Natal, até o fim de maio. Essa continuidade, o fato de estarmos constantemente juntos como uma família, pode até ter criado em nós a sensação de que permanecíamos crianças.

Enquanto nos apresentamos, vivemos e trabalhamos juntos. Quando essa fase de nossas vidas terminou, em 1956, cada um de nós teve que encontrar a própria forma de sustento. Tivemos que nos separar.

Após retornar para casa, da guerra, em 1945, Rupert percebeu que precisava deixar o grupo de canto para seguir a profissão que escolhera. Ele completara seus estudos de medicina na Universidade de Innsbruck antes de deixar a Europa. Sabia que se quisesse exercer a medicina nos Estados Unidos teria que obter o diploma médico e fazer residência no país. Ele saiu de casa para frequentar a University of Vermont School of Medicine. Tornou-se um médico de família e se casou com Henriette Lajoie, filha de um advogado de descendência franco-americana. Eles moraram em Rhode Island e criaram seis filhos lá, todos agora casados e com as próprias famílias. Ao se aposentar, Rupert voltou para Vermont, onde morreu em 1992, com 80 anos de idade, e foi enterrado no cemitério de nossa família.

Johanna descobriu um dia que já tinha 27 anos; seu sonho de se tornar mãe de uma grande família pouco a pouco desvaneceria se permanecesse no grupo. Em 1948 ela se casou com Ernst Florian Winter, cujo pai fora uma autoridade municipal em Viena. Johanna se tornou uma mãe amorosa de sua grande família de sete filhos. Ela morreu em Viena em 1994, após todos os filhos se casarem, e está enterrada lá, juntamente com o filho mais velho.

Hedwig ficou no Lodge por pouco tempo após pararmos de cantar. Em seguida, partiu para dar aulas, primeiro no Havaí e depois em uma comunidade montanhosa no Tirol. Ao voltar da Áustria, sua asma piorou tanto que ela ficou doente demais para permanecer no Lodge, mas não o suficiente para ir para uma clínica de repouso. Ela foi se hospedar com a irmã mais nova de *Mamá*, *Tante* Joan, que morava em um lindo chalezinho no lago Zell am See, próximo a Erlhof, onde Hedwig nasceu. Hedwig desfrutou de uma vida tranquila e pacata com nossa tia até morrer de complicações derivadas de sua asma, em 1972. Martina tinha 17 anos de idade quando deixamos a Áustria. Ela escreveu cartas lindas para sua melhor amiga Erika, que mais tarde se tornou esposa de Werner. Entre os muitos hóspedes que frequentavam nosso acampamento musical, Jean Dupire, um franco-canadense, conquistou o coração de Martina. Em 1949 eles se casaram. Quando esperava seu primeiro filho, em abril de 1951, Martina não nos acompanhou nas turnês após as festas de Natal, mas permaneceu em casa, em Vermont. Naquela ocasião, várias apresentações tinham sido programadas na Califórnia.

Ainda nesse estado, mamãe recebeu um telefonema de Stowe com notícias chocantes de que Martina, então com 30 anos de idade, e o bebê tinham morrido durante o parto. Mal podíamos acreditar quando mamãe nos contou. Um silêncio profundo se abateu sobre nós. Estávamos muito longe e não podíamos nem ir para casa para enterrar nossa irmã. Tivemos de cumprir a programação de apresentações. Somente mamãe foi para casa para essa triste ocasião.

A primeira filha de mamãe, Rosmarie, não se sentia confortável no palco e deixou a casa para perseguir outros interesses. Ela passou vários anos dando aulas na Nova Guiné. Após muitas pesquisas, por fim ela se afiliou a um grupo religioso, a Community of the Crucified One, e se juntou a uma filial da comunidade em Vermont. Lá, ela se instalou e começou a gozar a vida. Rosmarie ajudou a tomar conta de mamãe até sua morte, em 1987, e também cuidou de uma amiga de mamãe até que ela morresse, com 101 anos de idade. Rosmarie agora rege as cantorias participativas dos convidados do Trapp Family Lodge, das quais eles gostam imensamente. Os livretos que ela fez para essas ocasiões incluem algumas das músicas de *A noviça rebelde*, que são escolhas populares dos hóspedes participantes.

Eleonore, conhecida pela família como Lorli, casou com Hugh Campbell em 1954, enquanto ainda nos apresentávamos. Eles se conheceram no acampamento musical em 1947. Lorli e Hugh tiveram sete filhas, todas casadas e com filhos. Lorli é uma cozinheira maravilhosa e a feliz avó de 18 netos. Ela também participa de grupos que trabalham para restaurar valores familiares tradicionais em Vermont. A casa Campbell, em Waitsfield, é o lugar onde essa família unida frequentemente se reúne.

Johannes é presidente da Trapp Family Corporation e preside o Trapp Family Lodge. Ele e sua mulher, Lynne, se conheceram quando ela foi trabalhar no Lodge, no verão de 1967. Lynne Peterson e um grupo de amigos de St. Olaf College, em Minnesota, serviam as mesas e, à noite, cantavam e tocavam para os hóspedes do Lodge. Johannes e Lynne se casaram dois anos depois na capela de pedra que Werner construíra. Eles têm um filho e uma filha.

Werner se casou com Erika Klambauer, colega de classe de Martina, a quem ele já admirava quando ainda morávamos em Aigen, próximo a Salzburgo. Martina convidou Erika para nos visitar em nossa casa nas Green Mountains de Vermont, em 1948. Werner e Erika se casaram naquele mesmo ano, logo antes de seu visto de visitante expirar. Werner viajou conosco como nosso tenor até fazermos nossa última apresentação, em

1956, época em que ele e Erika já tinham cinco filhos. Erika esperava ansiosamente por ele em Vermont enquanto fazíamos a turnê. Werner e Erika deixaram a propriedade da família e acabaram comprando uma fazenda de gado leiteiro em Waitsfield, também em Vermont. Erika, que tinha estudado agricultura na Áustria, sempre foi o fiel "braço direito" de Werner. Lá na fazenda, criaram seis filhos, e Werner trabalhou na propriedade até seu filho mais velho, Martin, poder assumi-la.

Em seus anos de aposentadoria, Werner se dedicou a diversos ramos artísticos. Começou tecendo lindos tapetes da lã de suas ovelhas, usando os próprios desenhos, e fez muitos gorros de crochê quentes para uma escola de missão para americanos nativos. Ele ainda improvisa em seu órgão em casa, aos 86 anos de idade, enquanto Erika administra a horta, o jardim e as flores.

Eles agora são avós de 18 netos. Os quatro filhos do filho mais novo, Stefan, e a mulher, Annie, mostram sinais de se tornarem uma segunda edição dos Cantores da Família Trapp. Os filhos, entre 8 e 14 anos de idade, se apresentam e já gravaram seu primeiro CD. Recentemente, assisti à sua primeira apresentação como a atração principal, no Foy Hall, em Bethlehem, Pensilvânia. Foi revigorante ouvir como eles cantam bem e harmoniosamente. Eles fizeram um grande sucesso com a plateia, tendo sido ovacionados.

Os três filhos mais velhos do segundo filho de Werner e Erika, Bernhard, também são muito musicais. O filho mais velho de Bernhard está planejando seguir a carreira e está estudando violoncelo na universidade.

A segunda filha de Werner e Erika, Elisabeth, escolheu a música como profissão. Elisabeth veio a ser identificada mais como uma cantora de música de arte do que como cantora de música folclórica, e também começou a deixar sua marca com composições originais. Ela já se apresentou como solista pelos Estados Unidos de ponta a ponta, assim como no Canadá, na Áustria e na Rússia.

Meus 28 sobrinhos e sobrinhas têm vidas interessantes, porém limitações de espaço me impedem de me aprofundar nas histórias de suas famílias. Por essa razão, mencionarei apenas aquelas que têm uma conexão musical.

Minha irmã Maria, a segunda filha de Georg von Trapp, foi para Nova Guiné como missionária leiga após pararmos de nos apresentar. Ela tem muitas histórias maravilhosas e interessantes para contar. Trabalhou com jovens locais e também ensinou inglês em uma escola de missão. Formou um coral com as crianças da escola, que cantavam lindamente nas missas e em outras ocasiões. Maria permaneceu lá por 32 anos com duas breves interrupções para férias em Vermont.

Agora Maria vive em uma pequena casa nos bosques no terreno do Trapp Family Lodge. Ocasionalmente, ela faz o papel de anfitriã para os hóspedes que querem conhecer um dos "verdadeiros" membros da família Trapp. Adora tocar acordeão, que *Papá* lhe ensinou, e toca para o deleite dos hóspedes, amigos e familiares. Seu repertório consiste de marchas, danças e canções, algumas das quais compostas por ela. Todos que a conhecem, a adoram. Maria está agora com 80 e tantos anos.

Você deve estar se perguntando sobre o que eu fiz após nosso grupo de cantores se dispersar. Em 1956 deixei o Lodge com uma amiga, Mary Lou Kane, que tinha trabalhado lá conosco. Juntas, abrimos um jardim de infância, primeiro, na cidade de Stowe e, mais tarde, em Maryland. Nós nos aposentamos em 1993, após administrarmos nosso jardim de infância por 37 anos. Agora compartilhamos um adorável apartamento nos subúrbios de Baltimore, em Maryland. Como os aposentados parecem ser, estamos sempre ocupadas. Desfrutamos de nossa aposentadoria porque podemos fazer coisas que não tínhamos tempo para fazer antes.

Com o passar dos anos, transformei alguns de meus esboços em aquarelas, suficientes em número para fazer algumas exposições, inclusive uma na embaixada da Áustria em Washington, D.C. Muitas de minhas pinturas foram vendidas, mas guardei algumas, que agora decoram as paredes de nosso apartamento.

Entre outros interesses, passo o tempo escrevendo, fazendo música, cantando, tocando piano e violão e visitando os membros da família. Olhando para trás, aos 89 anos de idade, agradeço por minha vida ter sido tão rica e por ter vivido tantas experiências incomuns e interessantes. Eu não a teria desejado de outra forma.

Cada um de nós, as "crianças", teria histórias suficientes para encher o próprio livro. Neste, só posso esboçar brevemente a vida de cada um. Ainda mantemos contato uns com os outros e nos reunimos no Trapp Family Lodge para casamentos, aniversários de casamento e outras ocasiões especiais, com Johannes sempre sendo nosso gracioso anfitrião. Ele se assegura de que os membros da família que não vivem nas proximidades de Stowe tenham acomodações no Lodge durante essas festividades. De vez em quando, nos reunimos para passar uma tarde na casa de Werner e Erika, para jantar na casa de Johannes e Lynne ou na aconchegante pequena casa de Maria nos bosques para relembrar e compartilhar as novidades da família. Invariavelmente, alguém começa a cantar uma música, e outros se juntam, uma canção atrás da outra. Ainda cantamos quase tão bem quanto no passado, embora não sejamos mais um coral completo. O canto não abandonou nossas vidas, e o som de nossa música nunca esmorecerá enquanto alguns de nós se reunirem. Sim, ainda adoramos cantar.

Notas

Capítulo um: O Capitão, nosso pai

1. *Ritter* significa "cavaleiro", e *Von*, colocado antes do último nome de alguém, é um título aristocrático conferido a uma pessoa que prestou um serviço extraordinário a seu país ou a um compatriota. Somente o imperador pode conceder esse título, que é acompanhado por um documento muito elaborado.

2. Pola foi o porto mais importante na monarquia austríaca e se tornaria parte da Itália após a Primeira Guerra Mundial. A cidade agora faz parte da Croácia, e a ortografia mudou para Pula.

3. Fiume era uma cidade industrial no mar Adriático; é agora Rijeka, na Croácia.

4. Esse foi o começo do que seria mais tarde conhecido como a Rebelião ou Guerra dos Boxers (1900-1901). O povo chinês envolvido era chamado de *boxers* porque praticava artes marciais.

5. O governo chinês apoiou oficialmente a rebelião.

6. Edwyn Gray, *The Devil's Device: The Story of Robert Whitehead* [A invenção do Diabo: A história de Robert Whitehead] (Londres: Seeley, Service & Co., Ltd., 1975).

7. Essa casa ainda existe, mas não pertence mais à nossa família.

8. Este livro, escrito em alemão, está atualmente esgotado: *Bis zum Letzten Flaggenschuss* [Até a última saudação].

Capítulo dois: *Mamá*, nosso raio de sol

1. Uma cidade à beira-mar, próxima de Trieste, que naquela época pertencia à Áustria.

2. Os soldados bósnios foram enviados pelo governo austríaco para ajudar na fazenda de minha avó viúva. Esse foi um gesto de gratidão pela contribuição de meu avô apoiando a guerra.

Capítulo três: A vida com Gromi

1. Esse castelo ainda existe hoje e é atualmente um centro cultural na Baixa Áustria, pertencente ao sobrinho-neto de Gromi.

Capítulo cinco: A era pós-guerra

1. A palavra *Dragoner* vem de um determinado regimento húngaro conhecido por ser cruel e chamado de "Die Dragoner" (Os dragões). Esse nome parecia se ajustar à sua personalidade!

Capítulo seis: Anos de mudança

1. *Mamá* morreu na noite de 2 de setembro de 1922.

Capítulo sete: Nossa nova casa próxima a Salzburgo

1. O parque e a roda-gigante ainda existem. Até os nazistas deixaram tudo intacto.

Capítulo dez: Aventuras com *Papá*

1. Barcos com uma estrutura de madeira cobertos com lonas emborrachadas; podiam ser desarmados, dobrados e guardados em sacos.

Capítulo doze: A invasão

1. Uma tia da colega de turma de Maria que morava próximo de St. Georgen.
2. Um santuário nas vizinhanças de Salzburgo.
3. Táxis particulares em Aigen.
4. Um padre do Boromaeum.

Capítulo quinze: Nossa casa em Green Mountain

1. Dr. Hermann Ritter von Jedina se tornou um procurador do governo do estado de Salzburgo.
2. A cada 25 anos o Vaticano declara um Ano Santo para enfatizar a forma de vida cristã. Muitas pessoas fazem peregrinações para rezar em Roma nessa ocasião.

Capítulo dezessete: Ah! *A noviça rebelde*

1. A licença artística venceu a correção histórica enquanto tanto a peça quanto o filme *A noviça rebelde* foram desenvolvidos. Ambos são histórias interessantes, basicamente verdadeiras com relação ao espírito da família, mas o fato que permanece é que a história difere dos fatos reais. Brevemente, eis a evolução da peça e do filme:

Maria von Trapp publicou *The Story of the Trapp Family Singers* [A história dos Cantores da Família Trapp] em 1949. Hollywood mostrou interesse – mas apenas no título! E Maria não se interessou por uma oferta somente pelo título; claramente, a história como um todo era importante para ela. A companhia cinematográfica alemã para quem Maria vendeu os direitos em 1956, pela quantia ínfima de 9 mil dólares, fez *Die Trapp Familie* e depois *Die Trapp Familie in Amerika*, os quais foram bem-sucedidos na Alemanha e, mais tarde, em outros países europeus e na América do Sul.

Um diretor americano, Vincent Donahue, viu o primeiro filme alemão e procurou transformá-lo em um musical para Mary Martin, que então, com seu marido, Richard Halliday, e o produtor Leland Hayward chegaram a um acordo com relação aos direitos com os produtores alemães. Eles escolheram Russel Crouse e Howard Lindsay para escrever a peça e desejavam usar, principalmente, músicas cantadas pela Família Trapp, com uma nova canção escrita por Richard Rodgers e Oscar Hammerstein. Porém, Rodgers e Hammerstein imaginaram uma trilha sonora completamente nova, e Hayward e Martin concordaram. Foi, na verdade, a última colaboração entre Rodgers e Hammerstein, estreando na Broadway em 1959, e se tornou o segundo musical mais duradouro da Broadway na década de 1950.

O filme de 1965 foi uma produção de Robert Wise para a Twentieth Century Fox; a Fox comprou os direitos de filmagem de *A noviça rebelde* da companhia cinematográfica alemã (de acordo com www.german-way.com/cinema/som_main.html). Ernest Lehman escreveu o roteiro. Maria von Trapp se reuniu com Lehman para discutir o roteiro porque não estava satisfeita com a representação de seu marido na peça e esperava que o filme fosse mais realista e verdadeiro com relação a ele. No entanto, o roteiro permaneceu como Lehman desejava escrevê-lo. O filme foi estrelado por Julie Andrews, como Maria, e por Christopher Plummer, como o Capitão.

Este livro foi composto na tipologia Janson Text LT Std, em
corpo 11/ 5,3, impresso em papel Lux Cream 70g/m², na Markgraph.